3주완성
연세 한국어

연세대학교 한국어학당 편

8

연세대학교 출판문화원

3주완성 연세 한국어 8

편저자 연세대학교 한국어학당 교재편찬위원회
집필진 황인교, 민지숙, 김수진, 이은정, 박연정
펴낸곳 연세대학교 출판문화원

주소 서울시 서대문구 연세로 50 **등록** 1955년 10월 13일 제9-60호
전화 02) 2123-3380~2 **팩스** 02) 2123-8673
전자우편 ysup@yonsei.ac.kr **웹사이트** www.yonsei.ac.kr/press

디자인 / 일러스트레이션 PAGE M
녹음 MS미디어 **성우** 김상백, 김태현 **인쇄** 동국문화(주)

2014년 10월 30일 1판 1쇄 2023년 1월 13일 1판 5쇄
ISBN 978-89-6850-078-7(08710)
978-89-6850-036-7(세트)
값 24,000원 (CD포함)

머리말

50년 이상을 한국어 교육에 매진해 온 연세대학교 한국어학당은 국내 최고의 역사와 명성에 걸맞게 그동안 다양한 한국어 교재 편찬과 관련 연구를 해 옴으로써 한국어 교육을 선도해 왔다.

특히 최근에는 주춤했던 한류가 아시아 지역을 벗어나 미주, 유럽에 이르기까지 전 세계로 확산되면서 한국과 한국 문화가 세계로 전파되고 이에 따라 한국어에 대한 관심과 수요도 늘어나고 있다. 예전에 해외 동포나 일부 외국인을 중심으로 이루어져 왔던 한국어 교육이 이제는 다양한 목적과 요구를 지닌 학습자들을 대상으로 확대 추세에 있으며 이와 함께 교재에 대한 수요도 다양해지고 있다.

연세대학교 한국어학당은 그동안 일반 목적의 한국어 학습자뿐만 아니라 직업 목적의 학습자, 학문 목적의 학습자, 해외 동포 자녀 등 다양한 대상의 목적과 수요에 맞춘 교재를 지속적으로 개발, 출간해 왔다. 이번에 출판하는 '3주완성 연세 한국어 8'은 60시간용 교재로 단기간에 한국어를 배우려는 학습자를 대상으로 만든 교재이다. 따라서 외국인들이 흥미를 가지고 있는 주제를 중심으로 필수적인 어휘와 문법, 문화와 사고방식을 소개함으로써 한국어와 한국에 대한 이해를 넓히고자 하였다. 특히 이 교재는 어휘력과 문법이해력 및 말하기, 듣기, 쓰기, 읽기 영역을 균형 있게 향상시킬 수 있도록 다양한 과제를 포함시킴으로써 학습 효과를 높이고자 하였다.

언어 교육은 목표어를 통한 의사소통 능력의 향상과 함께 목표 언어의 사회와 문화를 이해시키는 데 그 목적이 있다. 이 교재는 짧은 기간에 한국어를 배우고 한국 문화를 알고자 하는 학습자들에게 많은 도움이 될 것으로 확신하며 한국어 교재 발전에도 큰 몫을 담당하리라고 본다.

'3주완성 연세 한국어 8'이 연세대학교 언어연구교육원 한국어학당에서 학습하는 학습자들뿐만 아니라 국내, 국외에서 단기간에 한국어와 한국문화를 배우고자 하는 모든 학습자들에게 크게 도움이 되기를 바라며 연세대학교 언어연구교육원 한국어학당 교재편찬위원회는 앞으로도 학습자들의 요구와 기대에 부응하는 교재 개발을 위해 최선을 다할 것이다.

연세대학교 언어연구교육원
한국어학당 교재편찬위원회

일러두기

- '3주완성 연세 한국어 8'은 단기간에 한국어를 배우려는 외국인 및 교포 학습자를 위한 고급 단계의 책으로 고급 단계에서 꼭 알아야 할 주제를 중심으로 썼으며 이와 함께 필수적인 어휘와 문법, 문화와 사고방식을 소개함으로써 한국에 대한 이해를 넓히고자 하였다.

- '3주완성 연세 한국어 8'은 총 15개의 과로 구성되어 있는데 고급 단계에서 꼭 알아야 할 어휘, 표현, 문법 및 과제를 바탕으로 일상생활에 필수적인 대화를 학습할 수 있도록 구성되어 있다.

- '3주완성 연세 한국어 8'은 5명의 주요 인물들이 등장하며 이들 등장인물들의 일상생활을 중심으로 본문의 대화 내용을 구성하였다.

- 본 교재는 단원명, 학습 목표, 삽화와 도입 질문, 대화, 어휘, 문법, 과제, 문화로 구성되어 있다.

- 각 단원의 **학습목표**는 해당 단원에서 학습해야 할 의사소통 기능과 과제를 중심으로 제시하여 학습자들의 학습 동기를 유발하고 단원에 대한 이해를 촉진시키는 데 도움이 되도록 했다.

- **본문 대화**는 각 과의 주제와 관련된 가장 전형적이고 대표적인 대화 상황을 설정하고자 노력하였으며 4쌍의 대화로 구성하였다. 대화 앞에는 주제와 관련된 삽화와 질문을 넣어 학습자들이 대화 내용을 흥미있게 접할 수 있도록 유도하였다.

- **어휘**는 각 단원의 주제별로 꼭 알아야 할 어휘를 선정하여 제시하였으며 관련 삽화 혹은 설명과 함께 제시하여 의미를 이해하기 쉽게 하였다. '3주완성 연세 한국어 8'에서 제시한 단어는 442개이다.

- **문법**은 각 단원의 대화에 제시된 주요한 문법이나 문형의 의미와 용법을 한국어로 설명하고 예문을 제시하였다. 문법 제시 이후에는 연습 문제를 덧붙여 공부한 내용을 학습자가 점검해 보도록 하였다.

- **과제**는 학습 목표에서 제시한 의사소통 기능에 부합되는 것으로 각 단원마다 3개씩 제시하였다. 과제는 말하기, 듣기, 읽기, 쓰기의 네 기능을 적절히 수행하도록 제시하였으며 고급 과정에서 요구되는 말하기와 듣기의 비중을 높게 구성하였다.

- **문화**는 단원의 주제와 관련하여 한국어를 이해하는 데 도움이 되는 경우에 문화 내용 설명을 통해 제시하였다.

- **부록**으로 **문법 활용연습**, **듣기 지문**, **모범 답안**과 **색인**을 두어 학습자가 해당 단원의 내용을 확인할 수 있도록 하였고 아울러 목표 문법을 자습할 수 있도록 하였다.

- **모범 답안**은 어휘와 문법 연습의 **모범 답안**을 제시하였으며 필요한 경우 과제의 **모범 답안**도 예시했다.

- **어휘**와 **문법 색인**에서는 각 단원에서 다루어진 본문의 새 어휘, 주제와 관련된 어휘와 주요 문법을 각각 가나다 순으로 정리하여 출현한 단원의 정보와 함께 제시하였다.

내용 구성

과	제목	새 어휘	주제 어휘	문법	과제	문화
1	남성과 여성	다정다감하다, 인식, 펄펄, 고정관념,월등히, 하긴, 망신	남성, 여성 관련 어휘	-긴-나 봐요. 아무리 -기로서니	• 남녀의 역할 구분에 대해 토론하기 • 남성 육아휴직에 대한 뉴스 듣고 그에 대해 말하기 • 광고에 나타난 남성상과 여성상에 대한 기사 읽고 그에 대해 쓰기	
2	한국의 가족	객지, 또래 무료하다, 여기다	가족 관련 어휘	-기는커녕 -는 둥 마는 둥 하다	• 가족의 조건에 대해 말하기 • 가구의 유형에 대한 뉴스를 듣고 변화된 가족의 모습에 대해 말하기 • 예비부부의 서약서를 읽고 좋은 가족 구성원이 되기 위한 약속 쓰기	
3	대중문화	월차, 학수고대, 빡빡하다, 줄줄이, 꿰다, 골수팬, 어림도 없다	영화 관련 어휘	-으랴-으랴 -으면 몰라도	• 대중문화에 대해 설문조사해서 발표하기 • 한국 대중문화 역사에 대한 강의 듣고 자기 나라와 비교해서 말하기 • 영화 감상문 읽고 자신이 본 영화에 대한 감상문 쓰기	영화 “아름다운 비행”
4	직업과 적성	취재, 동에 번쩍 서에 번쩍, 남의 떡이 커 보이다, 진도, 감수하다	적성 관련 어휘	-건만 같아선	• 적성 검사하고 결과 말하기 • 대기업의 인재상에 대한 뉴스 듣고 면접시험에서 대답하기 • 입사지원서 읽고 자신의 입사지원서 쓰기	
5	분단의 현실	유일무이,기원하다, 실향민,이산가족, 십 년이면 강산도 변한다,절실하다, 희미하다	분단 상황 관련 어휘	-는다기보다는 -을래야 -을 수가 없다	• 남북 통일에 대한 의견 말하기 • 남북의 언어 차이에 대한 발표 듣고 그에 대해 말하기 • 분단에 관한 시 읽고 주제 쓰기	시인 김광규
6	기념일과 공휴일	서럽다, 무절제하다, 관공서, 비로소, 치르다, 마음가짐	한국의 공휴일 관련 어휘	-는다뿐이지 -는답시고	• 각 나라의 기념일 소개하기 • 기념일에 대한 토론 듣고 자신의 의견 정리해서 말하기 • 기념일 마케팅에 대한 칼럼 읽고 요약문 쓰기	개천절
7	현대인과 도시 생활	배보다 배꼽이 더 크다, 허기, 달래다, 전형적이다, 숨 돌리다, 엎어지면 코 닿을 데, 시달리다	현대인의 생활 관련 어휘	-은 채 -으련만	• 바람직한 도시의 조건과 그런 도시를 만들 수 있는 방안에 대해 말하기 • 힐링에 대한 강연 듣고 말하기 • 기기에 의존적인 현대인의 모습에 대한 글 읽고 소개하는 글쓰기	
8	한국의 교육	쏘다니다, 동의하다, 학업, 뒤떨어지다, 감수성, 풍부하다	교육 관련 어휘	-거니와 -더라도	• 대학 교육의 필요성에 대해 토론하기 • 숲 유치원 소개 듣고 유치원 교육에 대해 말하기 • 정약용의 편지 읽고 자식에게 보내는 편지 쓰기	정약용

과	제목	새 어휘	주제 어휘	문법	과제	문화
9	개인과 사회	연탄, 독거노인, 나르다, 닳아나다, 뜻이 있는 곳에 길이 있다.	개인의 봉사 관련 어휘	-더라고요 -음으로써	• 봉사 활동 계획 말하기 • 기부자 인터뷰 듣고 기부 사례 말하기 • 미담에 대한 글 읽고 자신의 경험 쓰기	1인 기부 모금 활동가
10	전통과 문화유산	뒷전, 설계, 박학다식, 어우러지다, 둘러싸다, 정교하다, 유지되다	문화유산 보존 관련 어휘	-길래 -는 데	• 전통문화의 현대화에 대해서 토론하기 • 무형문화유산에 대한 강연 듣고 문화유산 소개글 쓰기 • 불국사와 석굴암의 창건 설화 읽고 문화유산과 관계있는 옛날이야기 말하기	삼국유사
11	과학의 발전	수발, 말동무, 해저, 탐사, 앞다투다, 보고, 미개척지	첨단 과학 기술 관련 어휘	-는다는 듯이 -기에 망정이지	• 동물 복제 연구에 대해 토론하기 • 기억력에 대한 과학 강연을 듣고 기억력을 높일 수 있는 방법에 대해 말하기 • 뇌 과학에 대한 글 읽고 글의 내용과 관련된 경험에 대해 쓰기	
12	한국인의 여가 생활	친구 따라 강남 간다, 자투리, 파김치가 되다, 죽치다, 웹툰, 방침	여가 활용 관련 어휘	-기 나름이다 -을 줄만 알았지	• 자신이 희망하는 여가와 실제 자신의 여가 생활에 대해 말하기 • 조선시대 사대부들의 여가에 대한 강의 듣고 현대인의 여가와 비교하여 말하기 • 여가의 중요성에 대한 글 읽고 자신이 기분 좋은 상황에 대해 쓰기	조선 시대의 화가
13	기업과 사회	영리, 취약계층, 미혼모, 창업, 애를 먹다, 홍보, 주력 상품	기업의 사회공헌 관련 어휘	-다시피 하다 -을 법하다	• 뉴스 제목 보고 말하기 • 자본주의와 대기업에 대한 토론 듣고 그에 대해 토론하기 • 기사를 읽고 자신의 생각 쓰기	
14	꿈을 이룬 사람	공백기,태연하다, 표가 나다, 두 마리 토끼를 잡다, 기여하다, 집착하다, 고진감래	도전, 성공 관련 어휘	-는 한 -되	• 존경하거나 닮고 싶은 인물에 대해 발표하기 • 외국에서 성공한 한국인 소개 듣고 성공한 삶에 대한 글 쓰기 • 선교사 헐버트의 삶에 대해 읽고 한국의 인물 조사하여 말하기	
15	환경과 생활	마땅찮다, 친환경적, 상용화, 주행, 절감하다, 배기가스, 안성맞춤	에너지 관련 어휘	-을뿐더러 -느니	• 쓰레기 문제 해결을 위해 생활 속에서 우리가 실천할 수 있는 일들에 대해 말하기 • 친환경 정책에 대한 뉴스를 듣고 에너지 절약 방법에 대해서 말하기 • 환경 문제에 대한 신문기사를 읽고 그와 관련된 표어 써 보기	

차례

교재

머리말 3
일러두기 4
내용 구성 6

제1과 남성과 여성 11
제2과 한국의 가족 21
제3과 대중문화 31
제4과 직업과 적성 41
제5과 분단의 현실 53
제6과 기념일과 공휴일 63
제7과 현대인과 도시 생활 73
제8과 한국의 교육 83
제9과 개인과 사회 93
제10과 전통과 문화유산 103
제11과 과학의 발전 113
제12과 한국인의 여가 생활 123
제13과 기업과 사회 133
제14과 꿈을 이룬 사람 143
제15과 환경과 생활 153

부록

문법 활용연습 1
듣기 지문 52
모범 답안 66
색인 84

주요 인물

유리
일본 사람
대학생

샤오밍
중국 사람
회사원

영주
한국 사람
대학생

마이클
미국 사람
대학원생

슈테판
독일 사람
회사원

제 1 과 남성과 여성

- **학습 목표** 남성과 여성의 역할 변화에 대해서 이해하고 표현할 수 있다.
- **어휘** 다정다감하다, 인식, 펄펄, 고정관념, 월등히, 하긴, 망신 / 남성, 여성 관련 어휘
- **문법** -긴 -나 봐요, 아무리 -기로서니
- **과제** 남녀의 역할 구분에 대해 토론하기
  남성 육아 휴직에 대한 뉴스 듣고 그에 대해 말하기
  광고에 나타난 남성상과 여성상에 대한 기사 읽고 그에 대해 쓰기

1. 현대 여성의 삶은 과거와 어떻게 달라졌습니까?
2. 현대의 바람직한 남성상은 무엇입니까?

CD 01-1,2

영주 너 요즘 그 드라마 봐? 부인에게 다정다감한 데다가 무조건 부인 편인 남자 주인공이 나오는 거 말이야.

은주 물론이지. 내 이상형도 그런 남자인걸. 그런 캐릭터가 인기가 있는 걸 보면 요즘 사람들의 인식이 달라지긴 달라졌나 봐.

영주 맞아. 얼마 전만 해도 드라마 속 남자 주인공은 가부장적이거나 강한 이미지였는데 요즘은 여자처럼 성격이 부드럽거나 외모가 예쁜 남자 주인공들도 많은 것 같아. 아예 남녀의 역할이 바뀐 경우도 볼 수 있고.

은주 그러게. 실제로 내가 아는 남자 선배 중에서 직장을 그만두고 집에서 살림을 하는 사람도 있는데, 뭐.

영주 그래? 남자가 그런 결정을 하는 게 쉽지는 않았을 텐데.

은주 물론 부모님은 펄펄 뛰며 반대했다나 봐. 그런데 선배가 꼭 여자가 살림을 해야 하는 건 고정관념이라며 부모님을 설득했대. 아내의 수입이 월등히 많기도 했나 봐.

영주 그 선배 힘들었겠다. 우리 부모님만 해도 '아무리 시대가 달라졌기로서니 남녀가 유별한데 남자가 어디 부엌에서 여자 일을 하냐'고 생각들 하시니까.

은주 하긴 우리 아버지도 그 드라마를 보면서 남자가 뭐 저러냐며 남자 망신시킨다고 하셨어.

다정다감하다
인식
펄펄
고정관념
월등히
하긴
망신

어휘 남성과 여성

가부장적이다 아버지가 가족의 대표로서 강력한 권한을 가지고 있다.
남존여비 사회적 지위나 권리에 있어 남자는 높고 귀하게 여기고 여자는 낮고 천하게 여김.
남아선호 딸보다 아들을 더 좋아함.

남자/여자답다 남자/여자가 남자/여자로서의 성질이나 특성을 가지고 있다.
내조/외조 아내가/남편이 사회 활동을 잘 할 수 있도록 남편이/아내가 도와 줌.
남성적/여성적/중성적이다 남자/여자/중간의 성질을 가지고 있다.

빈 칸에 알맞은 말을 쓰십시오.

전통 사회에서 아버지는 모든 가족들 위에 군림하는 1) ________________ 은/ㄴ 존재였다. 또한 남자는 감성이 풍부하거나 요리를 좋아하면 2) ________________ 지 못하다는 말을 들었다. 반면 여자는 '현모양처'라는 말에서도 알 수 있듯이 '아내'나 '어머니'와 같은 역할이 중요했다. 하지만 이제는 시대가 달라졌다. 현대의 남성은 아내의 사회적 성공을 위해서 3) ________________ 을/를 하는 경우도 많다. 드라마에도 집에서 살림을 하며 남편의 바깥일을 돕는 4) ________________ 을/를 미덕으로 여기는 여성들이 아니라 사회적으로 중요한 위치에 있는 여성들이 등장한다. 그 뿐만 아니라 여자인데도 성격이 털털해서 남성과 여성의 중간쯤에 있는 듯한 5) ________________ 은/ㄴ 매력을 가진 여자 주인공이 인기를 끈다. 게다가 얼마 전 신혼부부를 대상으로 한 조사에서 남성의 69.7%, 여성의 51.7%가 딸을 원한다는 대답을 한 걸 보면 6) ________________ 사상도 사라지고 있는 것 같다.

문법

1 -긴 -나 봐요

동사, 형용사 뒤에 써서 어떤 사실이나 상황으로 미루어 그런 것 같다고 추측함을 나타낸다. '-긴'을 사용하여 동사, 형용사를 반복함으로써 의미가 강화되는 효과가 있다.

동사의 어간 뒤에는 '-긴 -나 봐요', 자음으로 끝나는 형용사의 어간 뒤에는 '-긴 -은가 봐요', 모음으로 끝나는 형용사의 어간 뒤에는 '-긴 -ㄴ가 봐요'를 사용한다.

- 영화제마다 상을 여러 번 받는 걸 보니 연기를 잘 하긴 잘 하나 봐요.
- 날마다 야근하는 걸 보면 바쁘긴 바쁜가 봐요.
- 투표율이 낮은 걸 보니 사람들이 정치에 관심이 없긴 없나 봐요.
- 성적이 많이 오른 걸 보니 공부를 열심히 하긴 했나 봐요.

다음 기사의 제목을 보고 대화를 완성하십시오.

동창회보

25회 동문 한국대 김병수 교수
세계 최초 연구 성과로 제 11회 한국 물리학상 수상, 뛰어난 두뇌 세계가 인정

31회 동문 안상호, 대통령 선거에 출마
4회 연속 후보 배출로 정치 명문고 입증

40회 동문 (주)누리 사장 김형철
학교 발전 기금으로 1천만 원

학교 장학회에 동문들의 관심 커
800여 명이 약 1억원 기부

교내 봉사 동아리 '소나무'
20년째 최대 규모 회원 유지

영호: 이번 동창회보 봤어? 여기 봐. 25회 선배가 한국 물리학상을 받았대. 그 연구가 세계 최초라고 하더니 1) 대단하긴 대단한가 봐.

정수: 봤어. 그런 큰 상을 받은 걸 보니 2) ________긴 ________나/은가/ㄴ가 봐.

영호: 그렇지? 이 기사도 봤어? 안상호 후보가 우리 학교 출신인 줄 몰랐네.

정수: 그걸 몰랐어? 학교 다닐 때 학생 회장도 하고 따르는 친구들이 많았대. 우리 학교에서 매번 대통령 후보자가 나오는 걸 보면 우리 학교가 3) ________긴 ________나/은가/ㄴ가 봐. 형철이 얘기도 있던데? 2학년 때 같은 반이었던 형철이 말이야. 사업하더니 4) ________긴 ________나/은가/ㄴ가 봐. 천만 원이나 학교에 내놓은 걸 보면.

영호: 생각 나. 그 때부터 사업 수완이 있어 보였어. 직접 구운 영화 CD를 친구들한테 팔았었잖아.

정수: 그런데 동문들이 장학금도 많이 냈네. 이렇게 많은 사람들이 기부한 걸 보면 5) ________긴 ________나/은가/ㄴ가 봐.

영호: 그러게. 참, 너 '소나무' 회원 아니었어? 여기 기사 났네?

정수: 맞아. 우리 동아리가 20년이 지났는데도 여전히 회원이 많은 걸 보면 6) ________긴 ________나/은가/ㄴ가 봐.

2 (아무리) -기로서니

동사, 형용사 뒤에 써서 앞 문장의 사실은 인정하지만 그것이 뒤 문장의 충분한 이유나 조건이 될 수 없음을 나타낸다. 뜻을 분명하게 하고 강조하기 위해서 앞 문장에는 '아무리'가 자주 쓰이고 뒤 문장에는 반어적 의미의 의문문 형태나 부정문 형태가 자주 쓰인다.

- 아무리 운동을 잘 하기로서니 프로 선수를 따라갈 수 있겠어요?
- 서울이 덥기로서니 우리 고향만 하겠어요?
- 아무리 점수가 떨어졌기로서니 그렇게까지 실망할 필요가 있을까요?
- 아무리 선물이 마음에 안 들기로서니 고맙다는 말도 안 하면 안 되지요.

다음은 엄마와 딸의 전화 통화입니다. 대화를 완성하십시오.

엄마: 여보세요? 민지야, 열은 내렸니? 밥은 먹었고?

민지: 아유, 엄마. 아까 통화했는데 또 전화하셨어요?

엄마: 얘는. 1) 아무리 반갑지 않기로서니 첫마디부터 짜증을 내니? 걱정돼서 걸었는데.

민지: 짜증은요. 아까 괜찮다고 했는데 또 전화하시니까 그렇죠. 2) 아무리 걱정이 되기로서니 ______________.

엄마: 목소리 들으니까 다 나은 것 같구나. 또 아프지 않으려면 바빠도 밥은 꼭 챙겨 먹어라. 3)______________ 기로서니 그렇게 부실하게 먹어서야 되겠니?

민지: 네, 알겠어요. 그런데 엄마. 영지 말이에요. 멀쩡한 카메라를 바꾼다기에 제가 어제 잔소리를 좀 했더니 오늘까지 저랑 눈도 안 마주쳐요. 4) ______________기로서니 어떻게 그럴 수가 있어요? 제가 틀린 말 한 것도 아닌데?

엄마: 걔가 막내로 자라서 그렇잖니. 내가 너무 오냐오냐 키웠나 보다. 하고 싶은 대로만 하려고 하니 말이야.

민지: 5) 아무리 그렇게 컸기로서니 ______________ .

엄마: 그러게 말이다. 6) ______________ 기로서니 언니랑 눈도 안 마주치면 되겠냐고 내가 이번에 따끔하게 얘기 한번 해야겠다.

과제 1 말하기

01 남성과 여성의 역할이 다르다고 생각합니까? 자신의 생각을 다음 표에 정리해 봅시다.

남성과 여성의 역할이 다르다.	남성과 여성의 역할이 다르지 않다.
• 태어날 때부터 남자/여자의 특징이 정해져 있다. • 부모로써 아버지의 역할과 어머니의 역할이 분명히 다르다. • 군인이나 건설업 같은 일은 남자가 더 잘 할 수 있다. • •	• 성역할이라는 것은 후천적으로 학습된 것이다. • 정도의 차이가 있을 뿐이지 남자와 여자는 같은 능력을 가지고 있다. • • •

02 위의 내용을 바탕으로 팀을 나누어 〈보기〉와 같이 토론해 봅시다.

보기

민지 : 저는 남녀의 역할 구분이 필요하다고 봅니다. 예를 들어 군인이나 건설업과 같은 직업은 남자에게 더 어울립니다.

정수 : 저는 그렇게 생각하지 않습니다. 정도의 차이가 있을 뿐이지 남자에게 있는 능력이 여자에게 없는 것은 아닙니다.

과제 2 듣고 말하기

01 다음 뉴스를 듣고 질문에 답하십시오.

CD 01-3

1) 무엇에 대한 뉴스입니까? (　　)

❶ 남성의 육아 휴직
❷ 아빠의 양육 방법
❸ 육아 휴직의 필요성
❹ 양육에서의 아빠의 역할

2) 남성이 육아에 참여했을 때의 장점은 무엇이 있습니까?

- ______________________________.
- 아이가 심리적, 정서적으로 안정감을 느끼게 해 준다.
- 두뇌도 균형 있게 발달을 하고 ____________________.
- ______________________________.

3) 들은 내용과 다른 것을 고르십시오. (　　)

❶ 남성이 육아에 투자할 수 있는 시간이 점차 늘고 있다.
❷ 남성 육아 휴직자는 10년 전에 비해 열 배 이상 늘었다.
❸ 남성이 육아에 참여하는 것은 예전에 비해 자연스러워졌다.
❹ 남성이 육아 휴직을 망설이는 가장 큰 이유는 회사에서의 불이익때문이다.

02 여러분은 남성의 육아 휴직에 대해서 어떻게 생각하십니까? 이야기해 봅시다.

출산장려
확산되다
불과하다
턱없이
새삼
확립
몫
인사

과제 3 읽고 쓰기

01 다음 기사를 읽고 질문에 답하십시오.

국가인권위원회가 지난해 지상파 방송사의 광고를 대상으로 고정관념지수를 조사한 결과 남성상에 대한 고정관념이 이전의 광고에 비해 많이 낮아진 것으로 조사됐다.

남성미의 대명사로 꼽히던 배우 A씨는 최근 김치 냉장고 광고 모델로 활약 중이고 한 꽃미남 배우는 밥솥 광고에서 밥을 짓는 자상한 남성으로 등장한다. 심지어는 여성 속옷 브랜드의 광고에도 남자 모델이 나온다. 광고에서 요리나 육아를 하고 있는 남자 모델을 보는 것은 이제 아주 자연스러운 일이 되었다. 이처럼 광고에서 근육질의 사내대장부와 권위적이고 가부장적인 남성은 눈에 띄게 감소하는 추세를 보이고 있다. 대신 부드러운 이미지의 남성과 꽃미남들이 등장해 여심을 흔들고 있다. 과거의 강하고 무겁고 능력 있는 인물로 묘사되던 남성은 예쁘고 감성적이며 가정적인 인물로 상당수 대체되어 가고 있다. 이는 사회적으로 요구되는 남성의 역할이 다양해지고 있음을 보여주는 것이다.

반면 여성에 대한 고정관념지수는 남성에 비해 변화가 크지 않은 것으로 나타났다. 전통적인 가치관이 무너지고 산업화와 교육 기회의 확대 등을 통해 여성의 사회적 참여가 증가했고 이들의 사회·경제적 기여도가 증가함에 따라 여성상에 대한 인식도 달라지기는 했으나 광고에서의 성역할에 대한 묘사는 크게 달라지지 않았다. 최근의 광고에서는 90년대에 비해 전문직을 가진 여성이 증가했고 전형적인 주부의 모습보다는 정장 차림의 세련된 모습이거나 자신만만한 현대 여성의 모습이 나타나고 있다. 하지만 여전히 여성은 주부나 어머니, 아내의 역할로 등장하는 경우가 많았다. 광고하는 제품의 종류에서도 성역할에 대한 고정관념이 여전히 나타나고 있었다. 가사 관련 제품 광고에는 여성 모델이 더 많이 등장하며 신뢰를 바탕으로 해야 하는 금융, 보험, 증권 등의 광고에는 남성이 주요 인물로 등장한다. 여성이 권위자로 등장해 상품을 과학적·이성적으로 설명하는 전문가의 모습을 드러내는 경우는 없는 것으로 조사됐다.

1) **이 기사의 중심 내용은 무엇입니까?** (　　)

❶ 광고 모델의 영향
❷ 광고에 대한 고정관념
❸ 광고 속 여성 모델의 변화
❹ 광고 속의 남성상과 여성상

2) **위 글의 내용에 맞게 표를 채우십시오.**

	과거의 광고	최근의 광고
남성	강하고 ______고, ______는/은/ㄴ 인물	예쁘고 ______고, ______는/은/ㄴ 인물
여성	주로 ______, ______, ______의 역할로 등장	전문직 여성 증가, 세련되고 ______은/ㄴ 모습이 나타남

3) **글의 내용과 같은 것을 고르십시오.** (　　)

❶ 광고에서 여전히 여자 모델은 주부로 등장하는 경우가 많다.
❷ 광고에 나타나는 여성에 대한 고정관념지수가 크게 낮아졌다.
❸ 최근의 광고에는 근육질의 전형적인 남성상은 등장하지 않는다.
❹ 광고 속에서 여성 모델은 광고하는 제품을 이성적으로 설명한다.

02 최근에 본 광고에 나오는 남성과 여성은 어떤 모습이었습니까? 변화된 남성상이나 여성상이 나타나는 광고를 찾아 광고 속의 남성상과 여성상에 대한 글을 써 봅시다.

고정관념지수
대명사
활약
사내대장부
권위적
여심
기여도
성역할
신뢰

제2과 한국의 가족

- **학습 목표** 가족들 간의 관계와 가족 유형의 변화에 대해 이해하고 표현할 수 있다.
- **어휘** 객지, 또래, 무료하다, 여기다 / 가족 관련 어휘
- **문법** -기는커녕, -는 둥 마는 둥 하다
- **과제** 가족의 조건에 대해 말하기
  가구의 유형에 대한 뉴스를 듣고 변화된 가족의 모습에 대해 말하기
  예비부부의 서약서를 읽고 좋은 가족 구성원이 되기 위한 약속 쓰기

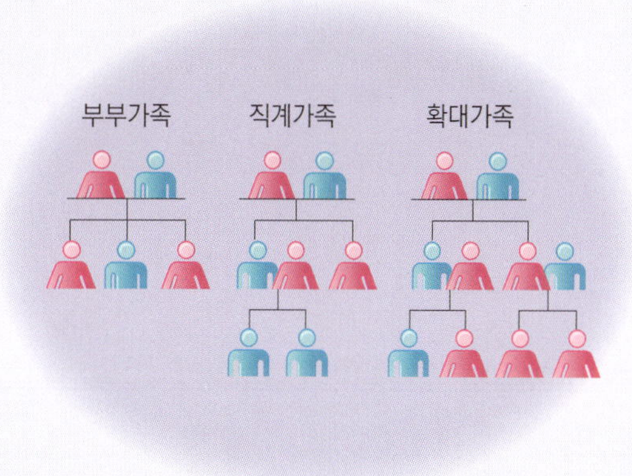

1. 가족의 형태는 어떻게 달라지고 있습니까?
2. 바람직한 가족의 형태는 무엇이라고 생각합니까?

CD 02-1, 2

민 철　기숙사에서 나가서 요즘 홈스테이를 한다면서요? 지낼 만하세요?

제니퍼　네, 객지에 와서 혼자 지낸다고 그 집 식구가 가족처럼 따뜻하게 대해 줘서 잘 지내고 있어요.

민 철　잘됐네요. 참, 그런데 그 집에 제니퍼 씨와 동갑인 딸이 있다면서요? 같은 또래 친구가 있으면 무료하지도 않고 좋겠어요.

제니퍼　네, 그 친구 덕에 정말 재미있게 지내고 있어요. 그런데 처음엔 대학교에 다니는 딸이 부모님과 같이 살며 용돈까지 받기도 하는 걸 보고 좀 놀랐어요. 캐나다에서는 성인이 되면 부모님과 같이 살기는커녕 용돈도 자기가 벌어야 하거든요.

민 철　그렇군요. 한국에서는 보통 성인이 된 자녀도 결혼하기 전까지는 부모님과 같이 살아요.

제니퍼　그렇더라고요. 그것 말고도 놀란 일이 또 있었어요. 처음에 제가 살을 빼려고 밥을 먹는 둥 마는 둥 했거든요. 그랬더니 아주머니께서 식사를 왜 안 하냐 음식이 입에 안 맞냐 계속 물어보시는 거예요. 게다가 좀 늦게 귀가하는 날에는 꼭 저한테 연락을 하셔서 어디에 있는지 물어보시고요.

민 철　그건 제니퍼 씨를 걱정해서 그러신 거예요. 한국 사람들은 같이 살게 되면 그 사람을 가족처럼 여기거든요.

제니퍼　정말 그런가 봐요. 저를 친딸처럼 생각한다고 하셨어요.

객지
또래
무료하다
여기다

어휘 새로운 가족의 유형

1인 가구

조손 가족

한부모 가족

다문화 가정

비동거 가족(기러기 가족)

빈 칸에 알맞은 말을 쓰십시오.

전통적으로 가부장제 사회에서는 3세대 이상이 같이 사는 대가족 형태가 가장 보편적이었다. 그러나 최근에는 다양한 가족 형태가 나타나고 있다.

그 중에서도 혼자서 한 세대를 이루는 1) ________________이/가 급증하는 추세인데 진학이나 취직 때문에 집에서 멀리 떨어진 곳에서 살거나 배우자의 사망이나 이혼으로 혼자 사는 경우이다. 최근에는 부부의 이혼, 사망, 별거 등으로 부모 중 한 쪽이 없는 2) ________________도 늘고 있으며, 부모 없이 조부모와 손자가 같이 사는 3) ________________도 나타나고 있다. 그밖에 직장이나 교육 문제로 인해 가족이 떨어져 사는 4) ________________, 서로 다른 국적, 인종, 문화를 가진 남녀가 가정을 이룬 5) ________________도 크게 증가하고 있다.

문법

1 -기는커녕

기대했던 앞 문장의 내용이 실현되지 않고 사태가 반대로 진행되었을 때 사용한다. 또한 앞의 것은 말할 필요도 없이 당연히 불가능하거나 어렵고 그것보다 더 실현 가능한 뒤의 경우조차 이루기 어려움을 나타낸다. 주로 부정적인 상황에 쓰인다.

동사, 형용사의 어간 뒤에는 '-기는커녕', 자음으로 끝나는 명사 뒤에는 '-은커녕', 모음으로 끝나는 명사 뒤에는 '-는커녕'을 사용한다.

- 운동을 하는데 살이 빠지기는커녕 오히려 살이 쪘어요.
- 새로 나온 제품이 사용하기가 편리하기는커녕 오히려 불편하대요.
- 허리가 아파서 걷기는커녕 서 있기도 어려워요.
- 너무 바빠서 식사는커녕 화장실에 갈 시간도 없다.

제인이 고향 친구를 만난 일에 대해서 수지와 이야기하고 있습니다. 대화를 완성하십시오.

수지 : 고향 친구가 한국에 온다고 공항에 가더니 잘 만났어요?

제인: 1) 잘 만나기는커녕 길이 어긋나서 한참 헤매다가 겨우 만났어요.

수지: 그래도 고향 친구를 오랜만에 만났으니 이야기도 많이 하고 좋았겠어요.

제인: 저도 그럴 줄 알았는데 2) ________________기는커녕 친구가 한국에 도착하자마자 아파서 간병하느라고 정신이 없었어요.

수지: 그래도 친구가 회복된 후에는 여기저기 많이 구경하셨지요?

제인: 3) ________________기는커녕 비가 너무 많이 와서 집에만 있었어요.

수지: 그럼 집에서는 재미있게 지내셨나요?

제인: 4) ________________기는커녕 음식을 만드느라고 고생만 했어요.

수지: 무슨 음식을 만들었는데요? 맛있게 만들었어요?

제인: 고향 음식을 만들려고 했는데 5) ________________기는커녕 서두르다가 설탕 대신 소금을 넣는 바람에 짜서 먹을 수가 없었어요.

수지: 그럼 식사를 어떻게 했어요? 제때 드시긴 했어요?

제인: 배달을 시켰는데 배달 사고가 나서 6) ________________기는커녕 ______________________________.

2 -는 둥 마는 둥 하다

동사 뒤에 써서, 무슨 일을 하기는 했으나 열심히 하지 않거나 제대로 하지 않음을 나타낸다.

- 아침에 급하게 나오느라고 밥을 먹는 둥 마는 둥 했더니 배가 고프다.
- 그 사람이 오늘 걱정이 있는지 하루 종일 일을 하는 둥 마는 둥 하더라.
- 무슨 생각을 하는지 책을 읽는 둥 마는 둥 하다가 전화를 받고는 나가 버렸다.
- 그 직원은 전화를 받느라고 내 말을 듣는 둥 마는 둥 했다.

다음은 여자 친구와 헤어진 영수 씨의 이야기입니다. 이야기를 완성하십시오.

영수는 얼마 전 오랫동안 사귀던 여자 친구와 헤어졌다. 몇 번 여자 친구의 말을 1) 듣는 둥 마는 둥 했더니 여자 친구가 화를 많이 내서 심하게 싸우게 됐고 결국은 헤어지게 됐다고 한다. 요즘 영수는 예전과 달리 말이 없어지고 표정도 어두워졌다. 영수는 친구들을 만나도 인사를 2)________________는 둥 마는 둥 하고 강의도 3) ________________는 둥 마는 둥 한다. 친구들과 같이 점심을 먹으러 가도 입맛을 잃었는지 밥을 4) ________________는 둥 마는 둥 하다가 먼저 자리에서 일어나기 일쑤이다. 낮에도 조는 걸 보면 밤에 잠을 5) ________________는 둥 마는 둥 하는 것 같다. 이런 영수를 위로해 주기 위해서 영수가 좋아하는 노래방에 같이 갔지만 노래도 6) ________________는 둥 마는 둥 하다가 어느새 없어져 버렸다. 영수는 어떻게 해야 예전의 모습으로 돌아올 수 있을까?

과제 1 말하기

01 다음 중 가족이라고 생각하지 않는 것을 골라 □ 안에 ✓표를 하십시오.

- □ 가까운 곳에 살면서 수시로 왕래하는 결혼한 자녀
- □ 각자의 아이를 데리고 재혼한 두 가정의 아이들 간의 관계
- □ 결혼하지 않고 같이 사는 사람
- □ 한 집에서 같이 사는 처가 부모
- □ 한 집에서 같이 사는 친척
- □ 입양시키기 전까지 아기를 맡아 돌보는 위탁가정
- □ 오랫동안 같은 집에서 같이 살아 온 입주 도우미
- □ 반려동물
- □ 한 집에서 같이 사는 비혈연 관계의 사람들
- □ 몇십 년 동안 왕래 없이 사는 가족

02 위와 같이 생각하는 이유를 〈보기〉와 같이 이야기해 봅시다.

☑ 몇십 년 동안 왕래 없이 사는 가족

보기

저는 오랫동안 왕래 없이 살아 온 가족은 가족이 아니라고 생각합니다. 혈연관계가 있어도 가족 간의 불화로 인해 몇십 년 동안 전혀 연락하지 않고 왕래도 없이 지냈다면 그건 가족이라고 볼 수 없지요.

과제 2 듣고 말하기

01 다음 뉴스를 듣고 질문에 답하십시오.

CD 02-3

1) **무엇에 대한 뉴스입니까?** (   )

❶ 가구 수 증가의 원인
❷ 1인 가구 증가의 원인
❸ 여성 인구 증가의 원인
❹ 노인 인구 증가의 원인

2) **위와 같은 현상이 나타난 원인은 무엇입니까?**

❶ 결혼 연령이 늦어지고 있다.
❷ ______________________
❸ ______________________

3) **들은 내용과 같으면 ○, 다르면 × 하십시오.**

❶ 1980년대에는 5인 가구가 전체 가구의 절반 정도를 차지했다. (   )
❷ 최근 20년 이상 같이 산 부부의 황혼이혼율이 줄고 있다. (   )
❸ 혼자 사는 노인 중 70대 노인의 비중이 2035년에는 약 1/5가량 될 것으로 보인다. (   )

02 과거와 현재의 변화된 가족의 모습에 대해서 이야기해 봅시다.

개념
급속도
대세
차지하다
만혼
불과
수치
고령화
황혼이혼
수명
추세

과제 3 읽고 쓰기

01 다음은 몇 달 뒤에 결혼식을 올리는 예비부부가 교환할 서약서입니다. 읽고 질문에 답하십시오.

♥ 남편의 약속 ♥

1. 모든 일을 아내와 의논하고 결정하도록 하겠다.
2. 아내 이외의 다른 여자에게 한눈팔지 않겠다.
3. 결혼기념일과 아내의 생일을 잊지 않고 챙기겠다.
4. 일주일에 한 번 이상 아내 대신 식사 준비를 하겠다.
5. 늦게 귀가하는 날에는 반드시 아내에게 미리 알릴 것이며 늦더라도 잠은 꼭 집에 들어와서 자겠다.
6. 국내든 해외든 짧게라도 일 년에 1번 이상은 가족 여행을 가겠다.
7. 명절 이후에는 아내가 쉴 수 있도록 배려하겠다.
8. 아내의 부모님도 우리 부모님처럼 모시겠다.

♥ 아내의 약속 ♥

1. 모든 일을 남편과 의논하고 결정하도록 하겠다.
2. 남편 이외의 다른 남자에게 한눈팔지 않겠다.
3. 수입에 비해 지출이 많지 않도록 하겠다.
4. 불필요한 잔소리는 하지 않도록 하겠다.
5. 남편이 술을 마시고 늦게 오더라도 일주일에 1번은 이해해 주겠다.
6. 아이들 문제에 대해 남편과 상의한 후 결정하도록 하겠다.
7. 재테크 공부를 열심히 해서 가정 경제를 잘 운용하도록 하겠다.
8. 내 남편을 다른 남편과 비교하지 않도록 하겠다.

1) 이 서약서를 쓴 목적은 무엇입니까?

____

____

2) 남편과 아내 두 사람의 약속 중 공통적인 것은 무엇입니까? 찾아서 쓰십시오.

____

____

3) 위 글의 내용과 같으면 ○, 다르면 × 하십시오.

❶ 남편은 집에 들어올 수 없는 날은 미리 연락하겠다고 했다. (   )

❷ 남편은 생일과 기념일을 잊지 않고 챙기겠다고 했다. (   )

❸ 아내는 재테크를 남편한테 전적으로 맡기겠다고 했다. (   )

02 좋은 가족 구성원이 되기 위해서 여러분이 지킬 약속들을 써 보십시오.

- 아들/딸	- 남편/아내
- 부모	- 형/오빠/언니/누나/동생

1. ______________________________

2. ______________________________

3. ______________________________

4. ______________________________

5. ______________________________

한눈팔다
상의하다
운용하다

제3과 대중문화

- **학습 목표** 대중문화에 대해 이해하고 표현할 수 있다.
- **어휘** 월차, 학수고대, 빡빡하다, 줄줄이, 꿰다, 골수팬, 어림도 없다 / 영화 관련 어휘
- **문법** -으랴 -으랴, -으면 몰라도
- **과제** 대중문화에 대해 설문조사해서 발표하기
  한국 대중문화 역사에 대한 강의 듣고 자기 나라와 비교해서 말하기
  영화감상문 읽고 자신이 본 영화에 대한 감상문 쓰기

1. 여러분은 어떤 대중문화를 좋아합니까?
2. 요즘 여러분 나라에서 인기가 있는 대중문화는 무엇입니까?

CD 03-1, 2

유리 혜정아, 제이 그룹이 이번 주 금요일 뮤직 타운 공개 녹화장에서 드디어 컴백 공연을 한대. 물론 너도 갈 거지?

혜정 응. 벌써 월차도 냈어. 내가 우리 제이 그룹 오빠들 컴백을 얼마나 학수고대했는데.

유리 그래. 그동안 제이 그룹이 해외 활동하랴 광고 촬영하랴 너무 바빠서 정규 앨범은커녕 디지털 싱글 앨범 한 장 못 냈잖아. 정말 이게 얼마 만이야.

혜정 그런데 컴백 후에는 일정이 더 빡빡하더라. 금요일에 음악 방송 녹화하고 주말에는 서울하고 부산에서 팬미팅을 한대. 팬미팅이 끝나는 대로 홍콩에서 열리는 월드뮤직 시상식에도 수상자로 참석해야 하고 말이야.

유리 와, 정말 눈코 뜰 새 없이 바쁘겠다. 그나저나 넌 여전히 제이 그룹 스케줄을 줄줄이 꿰고 있구나. 나보다 한 수 위네.

혜정 진정한 골수팬이라면 이 정도는 돼야지. 참, 너 표 구했다고 했지? 이번에는 꼭 앞자리에서 봐야 할 텐데.

유리 그게 문제야. 지난번에 방송국에 신청해서 구한 입장권이라 좋은 자리를 기대하긴 어려울 것 같아.

혜정 특별 초대권이면 몰라도 그냥 일반표로 앞자리는 어림도 없지. 새벽부터 줄을 서야 좋은 자리를 잡을 수 있을 거야.

월차
학수고대
빡빡하다
줄줄이
꿰다
골수팬
어림도 없다

어휘 영화

영화제

시상식

제작발표회

시사회

주연/조연

스턴트맨

대역배우

카메오

빈 칸에 알맞은 말을 쓰십시오.

1. 이번 부산에서 열린 국제 1)____________에는 세계 30여 개국에서 254편의 영화가 출품되었다. 그중 올해 세계 여러 나라의 각종 2)____________에서 상을 휩쓴 프랑스 영화 '나의 마지막 연인'이 개막작으로 선정되어 관심을 모으고 있다. 한편 촬영 전 수많은 기자들과 영화 관계자들이 참석한 가운데 열린 3)____________ 때부터 많은 주목을 받았던 국내 영화 '사랑과 전쟁'도 이번 영화제를 통해 처음으로 공개될 예정이다.

2. 다음 주에 개봉될 스튜어트 감독의 새 영화 '추적자'를 이끌어갈 1)____________은/는 세계적으로 유명한 배우 해리스 존슨이 맡아 팬들의 기대가 크다. 그리고 2)____________도 연기 및 인지도가 뛰어난 배우들이 열연하고 있어 팬들의 기대를 한층 높이고 있다. 한편 자동차가 전복되는 장면이나 절벽에서 뛰어 내리는 장면은 경험이 많은 능숙한 3)____________이/가 실감나게 연기를 했다고 한다. 또한 매번 자신의 영화에 한 장면씩 출연하는 스튜어트 감독은 이번 영화에서도 잠깐 4)____________으로/로 출연을 한다고 하니 그의 팬이라면 영화를 보며 스튜어트 감독을 찾아보는 재미도 쏠쏠할 것이다.

문법

1 -으랴 -으랴

동사 뒤에 써서 여러 가지 일을 나열하면서 그러한 일들을 두루두루 하느라 애씀을 나타낸다.

자음으로 끝나는 동사의 어간 뒤에는 '-으랴 -으랴', 모음으로 끝나는 동사의 어간 뒤에는 '-랴 -랴'를 사용한다.

- 요즘 학생들은 학교 다니랴 학원 다니랴 쉴 틈이 없어요.
- 의사들은 환자들을 진료하랴 수술하랴 항상 바빠요.
- 맞벌이 주부는 직장 다니랴 집안일 하랴 늘 시간에 쫓긴다.
- 한국에서 영화를 볼 때는 화면 보랴 한글 자막 읽으랴 정신이 없다.

다음은 영수 씨와 동창들의 대화입니다. 대화를 완성하십시오.

영호 : 야, 모두들 오래간만이다. 그동안 어떻게 지냈니? 난 얼마 전에야 취직했어. 그래서 요즘 1) 업무 배우랴 회사 분위기 익히랴 정신없이 바쁘게 지내고 있어.

진희: 그랬구나. 그래도 취직한 거 축하해. 난 다음 달에 결혼해. 그래서 요즘 2) ______________ 으랴/랴 ______________ 으랴/랴 눈코 뜰 새 없이 바빠. 그런데 민철이 너는 어떻게 지내니?

민철: 나도 바빠. 이번 학기에 논문을 쓰고 있거든. 3) ______________ 으랴/랴 ______________ 으랴/랴 정신없어.

영주: 다들 바쁘게 지내는구나. 하긴 집에만 있는 전업주부인 나도 4) ______________ 으랴/랴 ______________ 으랴/랴 바쁘니까. 참, 진영아, 넌 맞벌이 하니까 정말 힘들겠구나.

진영: 응. 정말 그래. 맞벌이를 하다 보니 날마다 5) ______________ 으랴/랴 ______________ 으랴/랴 시간이 어떻게 가는지 모를 정도야. 대훈이 넌 가게 열었다더니 잘 되니?

대훈: 말도 마. 가게 운영하는 게 생각보다 훨씬 일이 많더라고. 6) ______________ 으랴/랴 ______________ 으랴/랴 손이 열 개라도 모자랄 지경이야.

2 -으면 몰라도

동사, 형용사 뒤에 써서 어떤 사실에 대해 강한 확신을 나타내며 앞 문장에는 예외의 상황이나 특별한 경우를 가정하는 내용이 온다.

자음으로 끝나는 동사나 형용사의 어간 뒤에는 '-으면 몰라도', 모음으로 끝나는 동사나 형용사의 어간 뒤에는 '-면 몰라도'를 사용한다.

- 폭우가 쏟아지면 몰라도 계획대로 등산을 갈 거예요.
- 복권이 당첨되면 몰라도 그런 명품을 제가 어떻게 사겠어요?
- 너무 매우면 몰라도 웬만한 한국 음식은 다 먹을 수 있어요.
- 아주 쉬운 내용이면 몰라도 아직 한국 소설을 읽기는 어렵다.

다음 여러 상황의 대화를 완성하십시오.

영호 : 혹시 회사를 옮길 생각 없어요?
정수 : 1) 연봉이 1억이면 몰라도 지금 회사를 그만둘 생각이 없어요.

수미 : 그 가방 마음에 든다더니 왜 안 사?
민지 : 지금은 세일때가 아니라서. 2) ________________으면/면 몰라도 그렇게 비싼 가방을 어떻게 사니?

엄마 : 이 수학 문제 풀 수 있겠니?
아들 : 3) ________________으면/면 몰라도 그렇게 어려운 문제는 못 풀어요.

수미 : 우리도 원어민처럼 영어를 잘할 수 있을까?
민지 : 4) ________________으면/면 몰라도 그렇게 영어를 잘할 수 없지.

선배 : 왜 다음 학기에 등록 안 했어?
민지 : 5) ________________으면/면 몰라도 돈이 없어서 다음 학기에는 휴학하려고요.

남편 : 여보, 10년 안에 우리 집을 살 수 있을까?
민지 : 혼자 벌어서는 어렵겠지요. 6) ________________으면/면 몰라도 10년 안에 내 집 마련하기 힘들걸요.

과제 1 말하기

01 반 친구들의 한국 대중문화(가요, 드라마, 영화, 뮤지컬, 연극 등)에 대한 관심도를 알아보기 위한 설문지를 〈보기〉와 같이 만들어 보십시오.

보기

제 목 우리 반 친구들이 좋아하는 한국 가수

조사 목적 우리 반 친구들의 한국 가수에 대한 관심도를 알아보고 같이 즐기기 위해

조사 대상 우리 반 친구 12명

설문지

응답자 정보 성별( ) 나이( ) 국적( )

1. 좋아하는 한국 가수가 있습니까? (네, 아니요)

'네'라고 대답한 경우	'아니요'라고 대답한 경우
2. 그 가수의 이름이 무엇입니까?	2. 알고 있는 한국 가수가 있습니까?
3. 그 가수를 왜 좋아합니까?	3. 들어 본 한국 노래가 있습니까?
4. 그 가수 때문에 쓰는 돈은 얼마나 됩니까?	4. 한국 가수의 노래를 자주 듣지 않는 이유는 무엇입니까?
5. 보통 무엇을 하는 데 돈을 씁니까?	5. 앞으로 한국 가수의 노래를 들어 보고 싶은 마음이 있습니까?

02 자신이 만든 설문지로 반 친구들에게 설문 조사를 하고 그 결과를 정리해서 다음의 〈표현〉을 사용해서 발표해 보십시오.

표현

- 저는 ______________에 대한 조사 결과를 발표하겠습니다.
- 이 조사는 ______________기 위해서 했습니다.
- ________냐는 질문에 ________이/가 ________는다고/ㄴ다고/다고/라고 대답했습니다.
- ________은/는 ________으로/로 나타났습니다.
- 1위를 차지한 응답은 ________이었으며/였으며 그 다음으로는 _____, _____, ________의 순이었습니다.
- 응답한 사람 가운데 _____명은 ______________.
- 이 결과를 통해 _____는다는/ㄴ다는/다는/라는 것을 알게 되었습니다.

보기

우리 반 친구들이 제일 좋아하는 가수는 동방신기로 나타났습니다.

과제 2 듣고 말하기

01 다음 강의를 듣고 질문에 답하십시오.

CD 03-3

1) **강의의 주제를 고르십시오.** ( )

❶ 한국 대중문화의 역사
❷ 한국 대중문화의 종류
❸ 한국 대중문화의 인기 비결
❹ 한국 대중문화가 살아나는 방법

2) **한국의 대중문화에 대해서 들은 내용을 다음 표에 정리해 보십시오.**

시기	내용
1960년대	
1970년대	
1990년대 이후	

3) **들은 내용과 같은 것을 고르십시오.** ( )

❶ 70년대의 경제개발로 한국 대중문화의 발전이 늦어졌다.
❷ 일제 강점기의 영향으로 한국의 전통문화는 위축되었었다.
❸ 한국 대중문화가 세계화되기 위해서는 한국적인 모습을 강조해야 한다.
❹ 강의를 하는 사람은 오늘날의 한국 대중문화의 모습을 예상하고 있었다.

02 한국의 대중문화와 여러분 나라의 대중문화는 어떤 차이가 있는지 말해 봅시다.

일제 강점기
유입되다
위축되다
비약적
매료시키다
단적
대처하다
초월하다
허물다

과제 3 읽고 쓰기

01 다음 영화 감상문을 읽고 질문에 답하십시오.

영화 제목	아름다운 비행 (Fly Away Home)
감 독	캐롤 발라드
주 연	안나 파킨, 제프 다니엘스
주 제	진정한 가족의 의미, 자연과 환경의 소중함
내 용	한 소녀와 거위 새끼들의 여행 이야기

1996년에 미국에서 제작된 '아름다운 비행'은 캐롤 발라드 감독이 연출을 하고 안나 파킨과 제프 다니엘스가 주연을 맡은 실화를 바탕으로 한 가족 영화이다.

에이미(안나 파킨)는 교통사고로 어머니를 잃고 그동안 따로 살던 아버지(제프 다니엘스)를 10년 만에 만나 함께 살게 된다. 그러던 어느 날 에이미는 집 근처 늪 주위에서 어미 새를 잃고 버려진 16개의 야생 거위 알을 주워다가 사랑과 정성으로 보살펴서 모두 부화시켜 준다. 아기 거위들은 에이미를 어미로 알고 따르고 교통사고로 엄마를 잃은 에이미는 거위들의 작고 소중한 엄마가 되어 준다. 그러나 이 야생 거위들은 철새이기 때문에 겨울이 되면서 따뜻한 남쪽으로 떠나야 하고 에이미는 거위들에게 나는 법을 가르치기로 한다. 그리고 거위들을 훈련시키는 과정에서 아버지의 도움을 받으면서 서먹했던 에이미와 아버지는 비로소 부녀간의 정을 느끼게 된다. 드디어 에이미는 직접 경비행기를 몰아 거위들을 무사히 철새 서식지에 데려다 주고 그곳에서 개발을 하려던 개발업자들은 철새가 도착하자 공사를 중지하게 된다.

이 영화는 인간의 이익을 위해 무작정 자연과 환경을 훼손하는 실태에 저항하는 모습을 폭력적인 장면 하나 없이 아름답게 보여 주고 있다. 특히 경비행기를 탄 에이미와 그 뒤를 따르는 거위 떼가 하늘을 나는 모습은 정말 장관이었다. 감독은 실감나는 감동을 주기 위해 컴퓨터그래픽을 사용하지 않고 직접 이 장면을 촬영했다고 하니 더욱 대단하다는 생각이 들었다. 또한 어머니를 잃은 에이미와 거위들이 진짜 가족과 다름없이 서로를 사랑하고 믿는 모습과 아버지와 에이미가 거위들로 인해 화해하게 되는 모습을 보면서 진정한 가족의 의미를 깨닫게 되었다. 자극적이고 폭력적인 영화가 판을 치는 요즘, 잔잔한 감동을 주는 이 영화야말로 지친 우리 마음을 치유해 주는 치료제라고 생각된다.

1) 이 사람의 영화에 대한 감상으로 가장 적당한 것을 고르십시오.(　　　)

❶ 자연의 아름다움을 느끼게 되었다.
❷ 동물에 대한 사랑을 느끼게 되었다.
❸ 진정한 가족의 의미를 알게 되었다.
❹ 자연이 훼손되는 것을 안타깝다고 느꼈다.

2) 위 글의 각 문단은 무엇에 대한 것인지 다음 표에 정리해 보십시오.

첫째 문단	영화 소개
둘째 문단	
셋째 문단	

3) 위 글의 내용과 같으면 O, 다르면 X 하십시오.

❶ 이 영화의 내용은 실제로 있었던 일이다. (　　)
❷ 요즘은 자극적이고 폭력적인 영화가 많다. (　　)
❸ 여주인공이 경비행기를 타고 가는 장면은 컴퓨터그래픽을 이용했다. (　　)

02 다음 표를 채우고 영화 감상문을 써 보십시오.

영화 제목 ______________________
감　　독 ______________________
주　　연 ______________________
주　　제 ______________________
내　　용 ______________________

문화

영화 "아름다운 비행"

'아름다운 비행'은 1996년에 캐롤 발라드 감독이 연출을 하고 배우 안나 파킨과 제프 다니엘스가 주연을 맡은 미국 영화로 가족의 소중함과 자연의 중요성을 인간과 거위의 관계를 통해 보여 주고 있다. 이 영화는 빌 리쉬맨이라는 사람이 실제로 거위를 훈련시켜 보금자리로 옮겨준 실화를 바탕으로 제작됐다고 하여 많은 관심을 끌었다. 또한 여주인공과 거위의 비행 장면은 컴퓨터 그래픽을 사용하지 않고 직접 촬영하여 많은 화제를 낳았다.

늪
부화
서먹하다
훼손하다
장관
자극적
판을 치다

제4과

직업과 적성

- **학습 목표** 직업과 적성에 대해 이해하고 표현할 수 있다.
- **어휘** 취재, 동에 번쩍 서에 번쩍, 남의 떡이 커 보이다, 진도, 감수하다 / 적성 관련 어휘
- **문법** -건만, 같아선
- **과제** 적성 검사하고 결과 말하기
  대기업의 인재상에 대한 뉴스 듣고 면접시험에서 대답하기
  입사지원서 읽고 자신의 입사지원서 쓰기

1. 여러분은 어떤 직업을 갖고 싶습니까?
2. 요즘 여러분 나라에서 인기가 있는 직업은 무엇입니까?

CD 04-1, 2

마이클 어, 너, 언제 한국에 온 거야? 아직 캐나다에 있는 줄 알았는데.

혜 정 응, 캐나다에 취재 갔던 일이 예정보다 일찍 끝나서 지난 주말에 돌아왔어.

마이클 넌 여전히 동에 번쩍 서에 번쩍 하는구나. 힘들겠다. 그래도 일찍 적성에 맞는 일을 찾아서 즐겁게 일하는 널 보면 참 부러워.

혜 정 남의 떡이 더 커 보이는 법이지 뭐. 너도 너 하고 싶은 공부하고 있는 거잖아. 참, 이번에 석사 논문 쓴다면서? 잘 돼 가니?

마이클 잘 돼 가기는커녕 필요한 자료를 못 찾아서 아직도 막막해. 그동안 놀지도 않고 열심히 했건만 왜 이렇게 진도가 안 나가는지 모르겠어.

혜 정 그래도 아직 시간이 있으니까 너무 걱정하지 마. 네가 원하던 공부를 하는 거니까 그 정도 고생은 감수해야 되는 거 아니야?

마이클 요즘 같아선 논문이고 뭐고 다 그만두고 싶어. 지금 하고 있는 전공이 정말로 내 적성에 맞는지도 모르겠고 말이야.

혜 정 하긴 나도 첫 직장은 세 달 만에 그만두고 어렵게 지금 일을 찾은 거잖아. 자기한테 맞는 일을 찾는다는 게 생각보다 쉬운 일은 아니더라.

취재
동에 번쩍 서에 번쩍
남의 떡이 커 보이다
진도
감수하다

어휘 적성의 유형

신체운동능력

공간지각능력

창의력

언어능력

수리논리력

자기성찰능력

대인관계능력

자연친화력

빈 칸에 알맞은 말을 쓰십시오.

사람마다 성격이 다르듯이 능력이나 소질도 사람마다 다르다. 이와 같이 직업이나 일에 알맞은 성질이나 소질을 적성이라고 한다. 먼저 몸을 움직이는 것을 좋아하고 운동을 잘하는 사람은 1) ______________ 이/가 좋은 사람이라고 할 수 있다. 또한 계산을 잘하고 매사에 논리적으로 생각하는 사람은 2) ______________ 이/가, 자신의 생각을 글로 잘 표현하거나 조리 있게 자신의 의견을 잘 말하는 사람은 3) ______________ 이/가, 친구들이 많고 사람들을 잘 사귀는 사람은 4) ______________ 이/가 좋은 사람이다. 이 밖에도 자주 생각하는 시간을 갖고 자기 자신을 되돌아보는 사람은 5) ______________ 이/가 뛰어난 사람이며 자연에 관심이 많고 관찰하는 것을 좋아하는 사람이라면 6) ______________ 이/가 높은 사람이다. 적성은 직업을 선택할 때 중요한 기준이며 회사들도 사원을 뽑을 때 지원자의 적성을 참고하고 있다. 예를 들어 건축회사는 공간에 대한 감각이 뛰어난 7) ______________ 과/와 새로운 아이디어를 잘 생각해내는 8) ______________ 이/가 있는 사람을 뽑을 것이다.

문법

1 -건만

동사, 형용사 뒤에 써서 앞 문장이 나타내는 사실과 반대되는 내용이나 상황 또는 결과가 일어남을 나타낸다.

- 그는 매사에 최선을 다하건만 왜 승진을 못하는지 모르겠다.
- 이번 신곡은 곡도 좋고 가사도 좋건만 왜 인기가 없을까?
- 며칠 동안 야근을 했건만 아직도 보고서를 끝내지 못했다.
- 대학을 졸업한 지 몇 년이 지났건만 마땅한 일자리를 찾지 못했다.

다음은 신문 기사의 제목입니다. 제목에 맞게 문장을 만드십시오.

보기 서울 전자, 막대한 금액 투자에도 신제품 개발 실패

1) 서울 전자는 신제품 개발에 막대한 금액을 투자했건만 실패하고 말았다.

3연속 우승 국가, 월드컵 예선전에서 탈락

2) ______________________________

명문대 수석 졸업생, 대기업 입사 시험에서 낙방

3) ______________________________

5선 의원, 이번 총선에서 낙선

4) ______________________________

국민소득 작년에 비해 증가, 서민 생활수준은 뒷걸음

5) ______________________________

세계적 영화제서 작품상 수상, 국내선 찬밥

6) ______________________________

2 같아선

'마음', '생각', '기분', '욕심' 등의 명사 뒤에 써서 '지금의 마음이나 형편에 따르자면'을 의미하나 실제로는 그렇게 하지 못함을 나타낸다.

- 마음 같아선 당장 고향으로 달려가 부모님을 뵙고 싶어.
- 욕심 같아선 이 백화점에 있는 물건 다 갖고 싶지.
- 생각 같아선 단 며칠이라도 휴대전화가 없는 곳에서 조용히 지내고 싶어.
- 불경기로 인해 자영업자들의 도산이 잇따르고 있다. 요즘 같아선 사업이고 뭐고 다 그만둬야 할 것 같다.

다음은 결혼을 앞 둔 남녀의 대화입니다. 대화를 완성하십시오.

영호 : 우리 결혼 예물은 뭘로 할까? 일생에 한 번뿐인 결혼식인데 최고로 해야 하지 않을까?

수미: 1) 마음 같아선 다이아몬드 반지 정도는 받고 싶지만 그건 무리겠지요?

영호: 그래. 그런데 예단은 어떻게 하지? 일가친척들까지 다 해야 하나?

수미: 2) ______________ 같아선 그렇게 하고 싶지만 비용이 만만치 않을 테니 간단히 하죠, 뭐.

영호: 참, 결혼식장도 정해야 하는데, 아무래도 호텔에서 하는 게 좋겠지?

수미: 3) ______________ 같아선 ______________________. 하지만 호텔은 식사비도 비싸서 부담이 클 것 같아요. 우리 그 돈을 아껴서 신혼집 구하는 데 보태요.

영호: 맞아, 집이 문제야. 4)요즘 같아선 ________________________________.

수미: 집 문제는 좀 더 생각해 봐야겠네요. 그건 그렇고 신혼여행만큼은 해외로 가고 싶어요.

영호: 정말 미안해. 5) ______________________ 같아선 ______________________지만 회사에서 휴가를 길게 받을 수가 없을 것 같아. 해외여행은 다음에 가면 안 될까?

수미: 뭐라고요? 일생에 한 번뿐인데 너무 하네요. 정말 6) ______________________같아선 __________________________________.

과제 1 말하기

01 여러분이 원하는 직업은 무엇입니까? 그 일을 잘하기 위해서는 어떤 능력이 필요할까요? 친구들과 같이 이야기해 봅시다.

원하는 직업	필요하다고 생각되는 능력	내가 가진 능력

02 다음의 테스트로 자기의 적성을 알아보십시오.

1) **각 문항에 1~5로 점수를 매긴 후 가장 많은 점수가 나온 능력을 확인하고 그에 적합한 직업에 대해 알아봅시다.**

정도	매우 잘한다	잘한다	보통이다	못한다	전혀 못한다
점수	5	4	3	2	1

정도	번호	문항	점수	총점
신체 운동 능력	1	오랫동안 지치지 않고 몸 움직이기		
	2	몸을 유연하게 구부리고 펴기		
	3	운동이나 무용의 동작을 빠르고 정확하게 배우기		
	4	몸을 순간적으로 정확하게 움직이기		
공간 지각 능력	5	입체 도형을 펼친 모습 떠올리기		
	6	종이접기나 로봇 조립의 그림으로 된 설명서 이해하기		
	7	약도 보고 길 찾아가기		
	8	작은 조각들을 깨끗하고 정확하게 붙이기		
창의력	9	정해진 틀을 벗어나 새로운 방식으로 문제 해결하기		
	10	짧은 시간에 많은 아이디어 생각해내기		
	11	나만의 독창성 있는 아이디어 만들어내기		
	12	아이디어를 정교하게 구체화하기		

언어 능력	13	시나 소설을 즐겨 읽고 감상하기		
	14	말로써 감정과 기분을 다른 사람에게 전달하기		
	15	의견을 분명하게 글로 표현하기		
	16	설명과 의견이 담긴 글을 읽고 이해하기		
수리 논리력	17	교양 수학책에 나오는 개념 이해하기		
	18	수학 응용문제를 잘 파악하고 답 구하기		
	19	수학 문제 풀이를 다른 사람에게 설명하기		
	20	복잡한 계산을 정확하게 하기		
자기 성찰 능력	21	자신의 부정적 감정을 바라보고 조절하기		
	22	잘못된 일에 대한 자기 책임 인정하기		
	23	자신이 세운 목표에 따라 실천하기		
	24	자신의 감정이나 느낌의 흐름 알아차리기		
대인 관계 능력	25	다른 사람의 슬픔이나 기쁨에 공감하기		
	26	모임에서 밝은 분위기를 주도적으로 만들어내기		
	27	사람들 사이의 갈등이 있을 때 중간에서 조정하기		
	28	다른 사람과 협조하여 일하기		
자연 친화력	29	동식물 보살피기		
	30	사물에 대하여 호기심을 가지고 관찰하기		
	31	동식물의 차이점과 공통점에 관심 갖기		
	32	동식물에 관한 프로그램이나 글을 관심 있게 보기		

(결과 보는 법) 각 능력의 총점이 15점 이상이면 해당 능력이 있는 것으로 인정됨.

능력에 따른 적합 직업

능력	직업군	해당 직업
수리능력, 공간지각능력, 창의력	기술연구직	공학, 과학연구원, 엔지니어
수리능력, 자연친화력, 창의력	환경관련 전문직	농업기술자, 천문학자, 도시계획가
공간지각능력, 창의력	디자인 관련직	사진작가, 만화가, 미용사, 패션디자이너, 컴퓨터그래픽 디자이너
언어능력, 수리능력, 자기성찰능력	회계, 분석관련 전문직	증권 분석가, 외환딜러, 회계사
창의력, 언어능력, 수리능력	인문사회과학 전문직	경영 컨설턴트, 여론조사 전문가, 출판물 전문가
언어능력, 수리능력, 대인관계능력, 자기성찰능력	의료, 법조, 교육	변호사, 판사, 외교관, 기자, 약사, 의사
언어능력, 대인관계능력	대인 서비스직	쇼핑호스트, 텔레마케터, 생활설계사, 부동산중개인
언어능력, 대인관계능력, 자기성찰능력	사회봉사 전문직	유치원 및 초등학교 교사, 상담전문가, 사서, 전문비서, 간호사, 성직자
신체운동능력, 자기성찰능력, 대인관계능력	운동 및 보안 관련직	직업군인, 경호원, 경찰관, 소방관, 운동감독

2) **위 1번의 생각과 2-1)의 결과를 비교해 보십시오. 자신이 원하는 직업을 위해서는 어떤 능력을 더 갖춰야 하는지 친구와 같이 이야기해 봅시다.**

과제 2 듣고 말하기

01 다음 뉴스를 듣고 질문에 답하십시오.

CD 04-3

1) 뉴스의 제목을 고르십시오.

❶ 극심한 취업난에도 불구, 고졸자들의 채용 증가
❷ 취업 성공의 비결, 기업이 원하는 인재상을 파악하라
❸ 대기업, 계속되는 불황 탓에 신입사원 공채 인원 줄여
❹ 기업들의 우수 인력 확보, 다양한 채용 방법이 열쇠이다

2) 다음 중 기업이 신입사원을 채용할 때 중요하게 고려하는 것에 √표 하십시오.

• 창의성	( )	• 소통능력	( )
• 학력	( )	• 전문지식	( )
• 토익점수	( )	• 도전정신	( )
• 글로벌역량	( )	• 자격증	( )
• 열정	( )	• 연령	( )

3) 많은 기업이 원하는 인재상은 어떤 사람입니까?

02 여러분은 기업이 원하는 인재상에 적합하다고 생각하십니까?
취업 면접을 한다면 자신의 어떤 점을 강조하고 싶습니까? 이야기해 보십시오.

공채
어김없이
스펙
안간힘
채용하다
인재상
발굴하다
역점
항목
적용하다

과제 3 읽고 쓰기

01 다음 입사지원서를 읽고 질문에 답하십시오.

〈입사지원서〉

<table>
<tr><td rowspan="4"></td><td rowspan="2">성명</td><td>한글</td><td>한자</td><td>영문</td><td colspan="2">성별</td></tr>
<tr><td>이혜교</td><td>李惠皎</td><td>Lee, Hekyo</td><td colspan="2">여</td></tr>
<tr><td>주민등록번호</td><td colspan="2">860606-2013456</td><td rowspan="3">응시사항</td><td>지원분야</td><td>의학상담사</td></tr>
<tr><td>전화번호</td><td colspan="2">02-377-5466</td><td colspan="2">희망연봉</td></tr>
<tr><td colspan="2">휴대전화</td><td colspan="2">010-3345-5466</td><td colspan="2"></td></tr>
<tr><td>현주소</td><td colspan="6">서울시 마포구 월드컵북로 261, 28동 801호</td></tr>
<tr><td colspan="7">학력사항</td></tr>
<tr><td colspan="2">기간</td><td>학교명</td><td>전공</td><td>소재지</td><td colspan="2">평점</td></tr>
<tr><td colspan="2">1999.3~2002.2</td><td>상암고등학교</td><td></td><td>서울시 마포구</td><td colspan="2"></td></tr>
<tr><td colspan="2">2002.3~2006.2</td><td>한국대학교</td><td>생물학과</td><td>서울시 서대문구</td><td colspan="2">3.85</td></tr>
<tr><td colspan="2">~</td><td></td><td></td><td></td><td colspan="2"></td></tr>
<tr><td colspan="7">경력사항</td></tr>
<tr><td colspan="2">기간</td><td>회사명</td><td>부서명</td><td>직위</td><td colspan="2">사직이유</td></tr>
<tr><td colspan="2">2006년~2009년</td><td>기린제약</td><td>연구소</td><td>연구원</td><td colspan="2">적성 불일치</td></tr>
<tr><td colspan="2">2010년~2011년</td><td>한국대학교</td><td>상담실</td><td>상담사</td><td colspan="2">계약 만료</td></tr>
<tr><td colspan="2"></td><td></td><td></td><td></td><td colspan="2"></td></tr>
<tr><td colspan="7">자격 및 어학사항</td></tr>
<tr><td rowspan="3">자격사항</td><td>자격면허명</td><td>취득일자</td><td>발행처</td><td rowspan="3">어학사항</td><td colspan="2">외국어 수준</td></tr>
<tr><td rowspan="2">심리상담사</td><td rowspan="2">2005년</td><td rowspan="2">한국심리 상담협회</td><td>영어</td><td>중</td></tr>
<tr><td>일본어</td><td>중</td></tr>
</table>

1) 위 서류를 작성하는 목적은 무엇입니까? 쓰십시오.

2) 위 서류에서 알 수 없는 것을 고르십시오. ( )

❶ 어느 학교를 다녔는지
❷ 전에 어디에 살았었는지
❸ 어느 외국어를 할 수 있는지
❹ 왜 다니던 회사를 그만두었는지

3) 다음은 자기소개서의 일부입니다. 각각 무엇에 대한 내용인지 〈보기〉에서 골라 ( )에 쓰십시오.

보기

성장과정, 경력사항 및 특기사항, 성격의 장단점, 지원 동기, 장래 포부

❶ ( )

저는 대학교 시절 생물학을 전공했지만 부전공으로 심리학도 전공했고 심리상담사 자격증도 땄습니다. 그래서 상담실에서 2년간 근무하며 많은 학생들에게 도움을 줄 수 있었습니다. 그리고 상담일로 지칠 때면 어린 시절 취미로 배운 바이올린을 연주하며 심신의 긴장을 풀곤 했습니다.

❷ ( )

대학 졸업 후 첫 직장은 제약회사 연구소였습니다. 그러나 연구실에서 실험에만 집중하는 일은 저와 맞지 않았습니다. 그래서 사람을 상대하는 일을 찾다가 마침 모교의 상담실에서 일하게 됐던 것입니다. 일은 보람 있었지만 계약이 지난달 끝나서 쉬고 있었습니다. 마침 이번에 귀사에서 새로이 의학상담실을 개설하여 의학상담사를 모집한다기에 지원하게 됐습니다.

02 자신의 입사지원서를 써 보십시오.

〈입사지원서〉

<table>
<tr><td rowspan="4">사진</td><td rowspan="2">성명</td><td>한글</td><td>한자</td><td>영문</td><td colspan="2">성별</td></tr>
<tr><td></td><td></td><td></td><td colspan="2"></td></tr>
<tr><td>주민등록번호</td><td colspan="2"></td><td rowspan="3">응시사항</td><td>지원분야</td><td></td></tr>
<tr><td>전화번호</td><td colspan="2"></td><td colspan="2">희망연봉</td></tr>
<tr><td colspan="2">휴대전화</td><td colspan="2"></td><td colspan="2"></td></tr>
<tr><td>현주소</td><td colspan="6"></td></tr>
<tr><td colspan="7">학력사항</td></tr>
<tr><td colspan="2">기간</td><td>학교명</td><td>전공</td><td>소재지</td><td colspan="2">평점</td></tr>
<tr><td colspan="2">~</td><td></td><td></td><td></td><td colspan="2"></td></tr>
<tr><td colspan="2">~</td><td></td><td></td><td></td><td colspan="2"></td></tr>
<tr><td colspan="2">~</td><td></td><td></td><td></td><td colspan="2"></td></tr>
<tr><td colspan="7">경력사항</td></tr>
<tr><td colspan="2">기간</td><td>회사명</td><td>부서명</td><td>직위</td><td colspan="2">사직이유</td></tr>
<tr><td colspan="2">~</td><td></td><td></td><td></td><td colspan="2"></td></tr>
<tr><td colspan="2">~</td><td></td><td></td><td></td><td colspan="2"></td></tr>
<tr><td colspan="2"></td><td></td><td></td><td></td><td colspan="2"></td></tr>
<tr><td colspan="7">자격 및 어학사항</td></tr>
<tr><td rowspan="3">자격사항</td><td>자격면허명</td><td>취득일자</td><td>발행처</td><td rowspan="3">어학사항</td><td colspan="2">외국어 수준</td></tr>
<tr><td rowspan="2"></td><td rowspan="2"></td><td rowspan="2"></td><td></td><td></td></tr>
<tr><td></td><td></td></tr>
</table>

제5과 분단의 현실

- **학습 목표** 남북 문제에 대해서 이해하고 표현할 수 있다.
- **어휘** 유일무이, 기원하다, 실향민, 이산가족, 십 년이면 강산도 변한다, 절실하다, 희미하다 / 분단 상황 관련 어휘
- **문법** -는다기보다는, -을래야 -을 수가 없다
- **과제** 남북 통일에 대한 의견 말하기
  남북의 언어 차이에 대한 발표 듣고 그에 대해 말하기
  분단에 관한 시 읽고 주제 쓰기

1. 비무장지대(DMZ)에 가 본 적이 있습니까?
2. 북한에 대해서 알고 있는 것이 있습니까?

CD 05-1, 2

슈테판　이 사진 어때? 잘 나왔지? 주말에 비무장지대(DMZ)에 가서 찍은 거야. 너도 가 봤다고 했지?

영　주　응. 난 작년에 호주에서 온 친구가 가고 싶대서 같이 갔었는데, 외국인이 많아서 놀랐어. 난 별로 특별한 곳이 아니라고 생각해서 가 보려고 하지 않았었거든.

슈테판　음, 특별한 곳이라기보다는 국가 분단의 현실을 보여 주는 유일무이한 장소잖아. 외국인이라면 누구든지 한번쯤 가 보고 싶어 해.

영　주　그렇겠다. 실제로 가 보니까 어땠어? 북한이 정말 가까운 곳에 있지 않아?

슈테판　진짜 그랬어. 그리고 철조망 가득 묶어 놓은 리본이 참 인상적이더라. 사람들이 고향에 대한 그리움과 통일을 기원하는 글을 적은 거라며?

영　주　응. 나도 봤는데 실향민들의 안타까운 마음을 조금은 이해할 수 있을 것 같았어. 고향이 바로 눈앞에 있는데도 갈래야 갈 수가 없으니 말이야.

슈테판　그런데 요즘 한국 사람들은 분단 문제에 대해 너무 관심이 없는 거 아니야?

영　주　너도 그렇게 느꼈어? 분단된 지 벌써 60년이 지났잖아. 십 년이면 강산도 변한다는데, 이산가족 세대도 점점 사라져 가고 통일이 절실한 사람들이 적어지면서 통일에 대한 인식도 희미해져 가는 게 사실이야.

유일무이
기원하다
실향민
이산가족
십 년이면 강산도 변한다
절실하다
희미하다

어휘 분단상황

한국전쟁

남북회담

이산가족 상봉

국토분단

휴전선

판문점, 공동경비구역

이질화

빈 칸에 알맞은 말을 쓰십시오.

1945년 한국은 북위 38도선을 경계로 남과 북이 미국과 구소련의 영향력 아래 놓이게 되었다. 1947년 국제연합(UN)은 남북한 총선거를 실시하기로 결정하였으나 구소련의 반대로 남한에서만 선거가 이루어져 1948년 8월 대한민국 정부가 수립되었다. 그 해 9월 북한에서도 '조선민주주의 인민공화국'을 선포하였고 구소련을 비롯한 여러 공산 국가가 이를 승인함으로써 남과 북이 별개의 정권을 수립하여 분단이 공식화되었다. 1950년에는 북한이 남한을 침략한 1)_______________이/가 일어났으며 1953년 휴전협정에 따라 2)_______________이/가 생겨 남북한을 합해 약 1000만 명 정도의 이산가족이 발생했고 3)_______________상태가 그대로 굳어졌다. 그 후 오랜 시간동안 교류가 없었으므로 정치, 사회, 문화, 언어 등 여러 면에서 4)_______________현상이 심해졌다. 이를 해결하고자 1971년부터 5)_______________을/를 여러 차례 개최했으며 1985년부터 분단으로 헤어진 가족들이 만날 수 있도록 하는 6)_______________도 수차례 진행되었으나 아직까지 남북의 차이는 쉽게 좁혀지지 않고 있다.

문법

1 -는다기보다는

동사, 형용사 뒤에 써서 앞의 내용이라고 말하는 것보다 차라리 뒤의 내용으로 표현하는 것이 더 나음을 나타낸다.

자음으로 끝나는 동사의 어간 뒤에는 '-는다기보다는', 모음으로 끝나는 동사의 어간 뒤에는 '-ㄴ다기보다는', 형용사의 어간 뒤에는 '-다기보다는'을 사용한다.

- 야채즙은 맛있어서 먹는다기보다는 건강을 위해서 먹는 거야.
- 영수 씨는 착하다기보다는 우유부단하다고 할 수 있다.
- 이건 양이 적어서 식사라기보다는 간식에 가깝다.
- 열심히 노력을 했다기보다는 운이 좋았던 것 같아요.

다음은 정신과 의사인 영호가 직업에 대해서 친구와 나누는 대화입니다. 대화를 완성하십시오.

정수: 무슨 책을 그렇게 많이 샀어? 책을 정말 좋아하나 봐.

영호: 1) 책을 좋아한다기보다는 직업상 필요해서 읽는 거야. 상담에 필요한 여러 가지 상황을 책을 통해 간접 경험하는 거지.

정수: 상담을 받으러 오는 사람은 치료를 받으러 왔으니만큼 정신적으로 문제가 있는 경우가 많겠네?

영호: 꼭 그렇진 않아. 흔히들 '정신과에 다닌다'고 하면 뭔가 그 사람에게 큰 문제가 있다고 생각하는 경우가 많은데 요즘은 2)큰 문제가 있다기보다는 ______________________.

정수: 그래? 얘기 상대가 필요해서 오기도 하는구나.

영호: 그리고 치료가 필요한 경우라도 상담을 받으러 온 사람에게는 3) ______________________ 는다기보다는/ㄴ다기보다는/다기보다는/라기보다는 친구에게 고민을 털어놓는 것처럼 편하게 생각하라고 말해. 그래서 내 직업은 4) ______________________ 는다기보다는/ ㄴ다기보다는/ 다기보다는/라기보다는 얘기를 들어주는 사람인 것 같아.

정수: 그렇겠네. 그런데 상담을 제대로 하려면 여러 분야에 대한 전문 지식이 많이 필요할 것 같아.

영호: 글쎄. 5)______________________ 는다기보다는/ㄴ다기보다는/다기보다는/라기보다는 풍부한 인생 경험이 필요해. 그래서 책을 읽는 거고.

정수: 와. 이 책들을 자세히 다 읽는 거야?

영호: 다 읽기는 어려워. 6) ______________________ 는다기보다는/ㄴ다기보다는/다기보다는/라기보다는 ______________________.

2 -을래야 -을 수가 없다

동사의 뒤에 써서 어떤 행동을 하려고 하나 의지와 상관없는 상황 때문에 도저히 그렇게 할 수 없음을 나타낸다.

자음으로 끝나는 동사의 어간 뒤에는 '-을래야 -을 수가 없다', 모음으로 끝나는 동사의 어간 뒤에는 '-ㄹ래야 -ㄹ 수가 없다'를 사용한다.

- 귤이 너무 시어서 먹을래야 먹을 수가 없다.
- 지하철에 사람이 꽉 차서 탈래야 탈 수가 없었어요.
- 의자가 어찌나 작은지 앉을래야 앉을 수가 없더군요.
- 무더워서 잠을 잘래야 잘 수가 없어요.

다음은 유명 배우의 이야기입니다. 이야기를 완성하십시오.

어릴 때부터 제 꿈은 유명한 배우가 되는 것이었어요. 하지만 막상 유명인이 되고 보니 불편한 점이 한 두 가지가 아니에요. 요즘은 주말에도 영화와 드라마 촬영이 겹쳐서 1) 쉴래야 쉴 수가 없어요. 이번 촬영이 끝나면 아무도 저를 알아보지 못하는 곳에서 한 달쯤 쉬고 싶어요. 이렇게 바쁘게 생활하다 보면 마음에 여유가 없어져서인지 짜증이 자주 나는데 이미지 때문에 2) ____________ 을래야/ㄹ래야 ____________ 을/ㄹ 수도 없어요. 그리고 저는 기분이 좀 안 좋을 때는 맛있는 것을 먹으면서 스트레스를 푸는데 요즘은 영화 촬영 기간이라서 살이 찔까 봐 3) ____________ 을래야/ㄹ래야 ____________ 을/ㄹ 수가 없어요. 어디 그것뿐인가요? 저도 모르는 사이에 사진이 찍히는 경우가 많기 때문에 4) ____________ 을래야/ㄹ래야 ____________ 을/ㄹ 수도 없고 남자친구 뿐만 아니라 친한 친구들도 5) ____________ 을래야/ㄹ래야 ____________ 을/ㄹ 수가 없어요. 그리고 저는 여기저기 걸어 다니는 걸 좋아하는데 유명해진 뒤로는 6) ____________ 을래야/ㄹ래야 ____________ 을/ㄹ 수도 없고요.

과제 1 말하기

01 다음은 남북 통일에 대한 설문조사 결과입니다. 그래프를 보고 이야기해 봅시다.

통일준비 비용을 부담할 의향(단위 %)

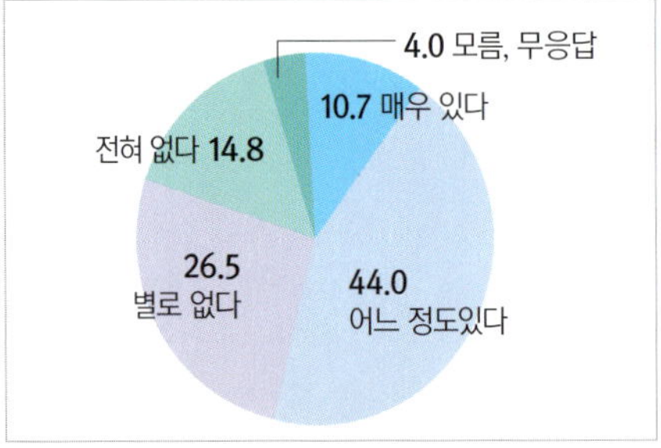

남북통일 이후 우리나라 국력은(단위 %)

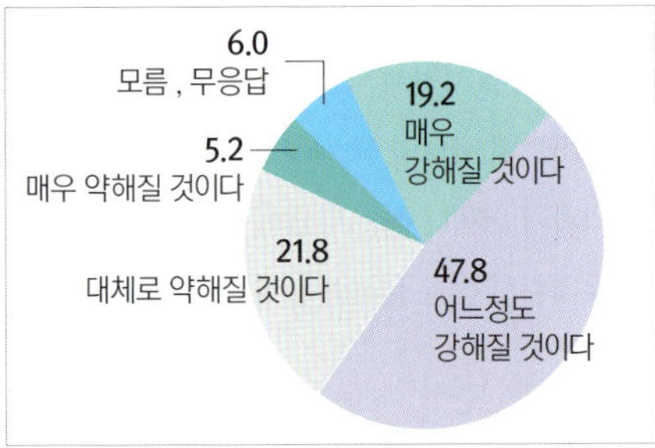

02 여러분은 남북 통일에 대해서 어떻게 생각하십니까? 의견을 정리해서 이야기해 봅시다.

통일이 되었을 때의 장점	통일이 되었을 때의 단점
1. 국방비 지출과 전쟁 위험이 줄어든다.	1. 나라의 경제가 매우 어려워질 것이다.
2. 이산가족들이 만날 수 있다.	2. 남북 사람들의 사고방식의 차이로 여러 가지 문제가 생길 수 있다.
3. 남북의 자원을 활용하여 지금보다 발전할 수 있을 것이다.	3.
4.	4.
5.	5.

과제 2 듣고 말하기

01 다음은 발표의 일부입니다. 듣고 질문에 답하십시오.

CD 05-3

1) **이 발표를 하기 전에 발표된 내용이 아닌 것은 무엇입니까?** ( )

❶ 남한과 북한의 교육 ❷ 남한과 북한의 문화
❸ 남한과 북한의 사고방식 ❹ 남한과 북한의 경제

2) **남한과 북한의 어휘에 어떤 차이가 있습니까? 들은 내용에 맞게 빈 칸을 채우십시오.**

	남한	북한
1. 의미는 같지만 표현이 다른 경우	홍수, 애용하다, 도넛, 원피스, 볶음밥, 빨리	______, ______, 가락지빵, 달린 옷, 기름밥, ______
2. ______ ______	'바쁘다'의 의미 : ______ ______	'바쁘다'의 의미 : ______ ______
3. 남북한 어느 한쪽에만 있는 경우	맞벌이 부부, ______	평양속도, ______

3) **들은 내용과 같으면 ○, 다르면 × 하십시오.**

❶ 남한과 북한은 같은 한국어를 사용하기 때문에 억양이 같다. ( )
❷ 북한에서는 순우리말보다 외래어를 더 많이 사용한다. ( )
❸ 남북한 언어 차이는 어휘 부분에서 가장 큰 차이가 나타난다. ( )

체제
정책
공식어
말투
표기법
순우리말
어감

02 통일이 된 후에 위와 같은 언어 차이 때문에 생길 수 있는 문제는 어떤 것이 있을까요? 이야기해 보십시오.

과제 3 읽고 쓰기

01 다음 글을 읽고 질문에 답하십시오.

동서남북

김광규

봄에는 연녹색 물결 북쪽으로
북쪽으로 퍼져 올라간다.
철조망도 군사 분계선도 거리낌 없이
북상한다.
산맥을 넘고
들판을 지나서
진달래도 개나리도 월북한다.
여름이면 뻐꾸기 노랫소리
개구리 우는 소리
어디서나 똑같다.
가을에는 황금빛 물결 남쪽으로
남쪽으로 퍼져 내려온다.
비무장 지대도 민통선도 거리낌 없이
남하한다.
강을 건너고
계곡을 지나서
코스모스도 단풍도 월남한다.
겨울이면 시원한 동치미 맛
얼큰한 해장국 맛
어디서나 똑같다.
동서남북 가리지 않고
온 세상을 하나로
하얗게 뒤덮는 눈보라
아무도 막을 수 없다.

〈출전〉 김광규, 2001,『좀팽이처럼』, 문학과 지성사

1) 위의 시에서 분단 상황을 보여주는 단어를 4개 찾아 쓰십시오.

2) 밑줄 친 '북쪽으로 올라간다, 남쪽으로 내려온다'의 의미를 가진 단어를 시에서 찾아 쓰십시오.

❶ 북쪽으로 올라간다 :

❷ 남쪽으로 내려간다 :

3) 위의 시를 읽고 각 계절의 특징을 나타내는 단어를 찾아 쓰십시오. (   )

계절	계절의 특징을 나타내는 단어
봄	연녹색, 진달래, 개나리
여름	뻐꾸기, ________
가을	황금빛, ________, ________
겨울	동치미, ________, ________

02 위의 시는 남과 북으로 분단된 한국의 상황을 소재로 하여 사계절의 변화에 따른 남과 북의 자연의 모습을 그리고 있습니다. 작가가 이 시를 통해 말하고자 하는 것은 무엇이었을까요? 20자 내외로 써 보십시오.

연녹색
물결
군사 분계선
거리끼다
월북
민통선
얼큰하다
뒤덮다
눈보라

문화

시인 김광규

김광규는 1941년 서울에서 태어났다. 서울대학교 독어독문학과를 졸업했고 시인이자 독문학자로서 독일문학 작품의 번역 등에도 힘쓰며 독일과 한국의 문학 교류에 많은 기여를 하였다. 서울 중산층의 평범한 언어를 사용하여 객관적인 서술을 하는 특징이 있으며 자주 다루는 주제는 문명화에 대한 비판이다.

제 6 과 기념일과 공휴일

- **학습 목표** 한국과 자기 나라의 기념일과 공휴일의 종류와 의미를 이해하고 표현할 수 있다.
- **어휘** 서럽다, 무절제하다, 관공서, 비로소, 치르다, 마음가짐 / 한국의 공휴일 관련 어휘
- **문법** -는다뿐이지, -는답시고
- **과제** 각 나라의 기념일 소개하기
  기념일에 대한 토론 듣고 자신의 의견 정리해서 말하기
  기념일 마케팅에 대한 칼럼 읽고 요약문 쓰기

1. 한국에는 어떤 기념일이 있습니까?
2. 여러분 나라에는 어떤 공휴일이 있습니까?

CD 06-1, 2

유리 영주야, 아까 네 동생이 꽃다발을 들고 가는 걸 봤는데 뭐 좋은 일이라도 있었니?

영주 어, 성년의 날이라서 남자 친구한테 꽃다발을 받았대. 우리나라는 5월 셋째 주 월요일이 성년의 날이거든.

유리 아, 그렇구나. 일본은 1월 둘째 주 월요일인데. 그런데 한국에서는 성인이 된 사람한테 꽃을 선물하나 보지?

영주 응. 성인이 된 사람한테 선물을 주면서 축하해 줘. 그리고 성인이 된 여자 친구가 있는 남자는 여자 친구한테 장미꽃 20송이, 향수 그리고 키스를 선물한대. 난 그런 선물 못 받아 봤지만...

유리 하하하. 남자 친구 없는 사람은 정말 서럽겠다. 그럼 넌 성년의 날에 아무것도 못 받은 거야?

영주 아니, 부모님한테 반지를 받긴 받았어. 엄마는 반지를 끼워 주시면서 이제 어른이 되었으니 자기 일에 대해 스스로 책임을 질 줄 알아야 한다고 하셨어. 그런데 요즘은 내가 나이만 먹었다뿐이지 어른으로서 책임과 의무를 다 하고 있는지는 잘 모르겠어.

유리 와, 그런 생각을 하다니 대단한걸. 어른이랍시고 무절제하게 사는 사람도 많은데 말이야. 일본에서는 보통 집 근처 관공서에서 성인식을 하는데 나도 성인식을 하고 나니 비로소 어른으로서의 책임감이 생기더라.

영주 그렇구나. 의식을 치르는 게 마음가짐을 달라지게 하는구나.

서럽다
무절제하다
관공서
비로소
치르다
마음가짐

어휘 한국의 공휴일

양력설(1월 1일)

설날(음력 1월 1일)

삼일절(3월 1일)

석가탄신일(음력 4월 8일)

어린이날(5월 5일)

현충일(6월 6일)

광복절(8월 15일)

추석(음력 8월 15일)

한글날(10월 9일)

개천절(10월 3일)

성탄절(12월 25일)

다음 단어와 관계있는 공휴일을 쓰십시오.

1) 신년하례, 해돋이 ( )
2) 세종대왕, 백성들을 위한 글자 ( )
3) 국립묘지 참배, 묵념 ( )
4) 단군, 고조선 ( )
5) 세배, 떡국, 설빔 ( )
6) 보름달, 송편 ( )
7) 예수, 성탄예배, 기독교 ( )
8) 연등행사, 석가모니, 불교 ( )

문법

1 -는다뿐이지

동사, 형용사 뒤에 써서 앞 문장의 내용을 인정하지만 그것은 아주 작은 부분에 해당하며 뒤에는 반대되는 내용이나 예상 밖의 내용이 온다.

자음으로 끝나는 동사의 어간 뒤에는 '-는다뿐이지', 모음으로 끝나는 동사의 어간 뒤에는 '-ㄴ다뿐이지'를 사용하며 형용사의 어간 뒤에는 '-다뿐이지'를 사용한다.

- 그 사람은 말만 번지르르하게 한다뿐이지 제대로 실행에 옮긴 적이 없다.
- 키가 좀 작다뿐이지 다른 건 나무랄 데가 없는 사람이다.
- 그는 학위가 없다뿐이지 웬만한 박사 학위 소지자보다 그 분야에 대한 지식이 해박하다.
- 그 여자는 나이만 먹었다뿐이지 철이 들려면 멀었다.

영수는 부동산중개인과 함께 집을 보러 와서 여기저기 살펴보고 있습니다. 대화를 완성하십시오.

영 수: 집이 좀 오래된것 같은데요.

중개인: 1) 지은 지 오래됐다뿐이지 워낙 튼튼하게 지어서 괜찮을 겁니다.

영 수: 그런데 거실이 좀 작네요.

중개인: 2) 크기만 작다뿐이지 ______________________.

영 수: 그리고 도로 옆이라 시끄러울 것 같군요.

중개인: 낮에만 3) ______________ 는다뿐이지/ㄴ다뿐이지/다뿐이지 ______________.

영 수: 참, 근처에 학원이 없는 것 같던데요. 우리 아이가 중학생이거든요.

중개인: 4) ______________ 는다뿐이지/ㄴ다뿐이지/다뿐이지 ______________.

영 수: 또, 지하철역이 좀 먼 것 같은데 교통은 어때요?

중개인: 5) ______________ 는다뿐이지/ㄴ다뿐이지/다뿐이지 ______________.

영 수: 설명 잘 들었어요. 그런데 어떻게 하면 좋을까요? 조언 좀 해 주세요.

중개인: 글쎄요, 이 집이 값이 좀 6) ______________ 는다뿐이지/ㄴ다뿐이지/다뿐이지 다른 건 문제가 안 될 거 같은데요. 그래도 최종 결정은 손님이 하셔야겠지요.

2 -는답시고

어떤 행위나 상태의 이유나 근거에 대해 빈정거리거나 얕잡아 말하거나 겸손하게 말함을 나타낸다.

자음으로 끝나는 동사의 어간 뒤에는 '-는답시고', 모음으로 끝나는 동사의 어간 뒤에는 '-ㄴ답시고', 형용사의 어간 뒤에는 '-답시고'를 사용한다.

- 공부한답시고 참고서를 잔뜩 사다 놓고서는 한 번도 펼쳐보지 않는구나.
- 옆집 남자는 가수랍시고 날마다 시끄럽게 노래 연습을 하던데 TV에는 언제 나오는 거니?
- 살을 뺀답시고 며칠 무리해서 운동을 하더니 결국 몸살이 났다.
- 제가 어르신을 돕는답시고 벌인 일인데 오히려 폐를 끼치게 됐군요.

다음은 공청회에서 시민들이 도시 개발 정책 담당자에게 할 질의 내용 메모입니다. 내용에 맞게 대화를 완성하십시오.

1. 등산로 조성 : 산을 깎아서 둘레길을 만들면 나무가 없어져서 발생하는 홍수는?

2. 시민광장 건설 : 시내 한 가운데 만든 광장으로 훼손된 미관은?

3. 주택 개발 : 고층 아파트 단지 건설로 나타난 극심한 교통체증은?

4. 재래시장 활성화 : 대형마트 영업 규제로 나타난 소비자들 불편은?

5. 문화생활 지원 : 비싼 외국 공연 유치로 발생한 적자는?

6. 환경개선 : 노점상 철거로 악화된 빈곤층의 생활은?

정책실장: 앞으로 더 살기 좋은 도시를 만들기 위해 그동안 실행됐던 도시 개발 정책에 대해 시민 여러분의 의견을 들어보도록 하겠습니다.

시민 1: 시에서는 1) 시민들을 위한 등산로를 만든답시고 산을 깎았는데 나무가 없어져서 비만 오면 홍수가 납니다. 정말 심각한 문제입니다.

시민 2: 또, 2) ____________________ 는답시고/ㄴ답시고/답시고 ____________________ 는데/은데/ㄴ데 ________________________________.

시민 3: 주택 개발 정책도 실패입니다. 3) ________________________ 는답시고/ㄴ답시고/답시고 ________________________ 어서/아서/여서 ________________________.

시민 4: 게다가 4) ____________________ 는답시고/ㄴ답시고/답시고 ____________________ 는데/은데/ㄴ데 ________________________________.

시민 5: 맞아요. 그리고 문화생활 지원도 그래요. 5) ________________________ 답시고/ㄴ답시고/답시고 __________________ 는데/은데/ㄴ데 ____________________.

시민 6: 그리고 6) ________________________ 는답시고/ㄴ답시고/답시고 ________________ 어서/아서/여서 ________________________.

정책실장: 네, 여러분들의 의견 잘 들었습니다. 하반기 수정안에 오늘 말씀해 주신 여러분의 의견을 반영하도록 하겠습니다.

과제 1 말하기

01 다음은 한국의 기념일들입니다. 들어 본 적이 있는 기념일에 ✓표를 하고 무엇을 기념하는 날인지 이야기해 봅시다.

- ☐ 4월 5일 식목일
- ☐ 4월 22일 자전거의 날
- ☐ 5월 1일 근로자의 날
- ☐ 5월 5일 어린이의 날
- ☐ 5월 8일 어버이의 날
- ☐ 5월 11일 입양의 날
- ☐ 5월 15일 스승의 날
- ☐ 5월 21일 부부의 날
- ☐ 5월 31일 바다의 날
- ☐ 6월 5일 환경의 날
- ☐ 9월 4일 태권도의 날
- ☐ 10월 1일 국군의 날
- ☐ 10월 2일 노인의 날
- ☐ 12월 5일 자원봉사자의 날

02 여러분 나라의 기념일을 〈보기〉와 같이 소개해 보십시오.

보기

한국에는 정부가 지정한 기념일이 많이 있어요. 그 많은 기념일을 다 기억하고 챙길 수는 없지만 식목일은 제가 꼭 챙기는 기념일이에요. 식목일은 나무를 심는 날인데 2005년까지는 공휴일이었기 때문에 가족들이나 직장 동료들과 함께 산에 가서 나무를 심는 사람들이 많았어요. 하지만 2006년부터 공휴일에서 제외되면서 점점 사람들의 기억에서 멀어져 가고 있는 것 같아 안타까워요. 그래도 식목일 덕분에 우리나라 산에 나무가 많아져서 푸른 산을 이루게 된 거 아니겠어요? 저는 어렸을 때부터 식목일이면 아버지와 함께 아버지 고향에 있는 산에 가서 나무를 심곤 했어요. 그리고 그 나무들이 점점 자라는 걸 보면서 뿌듯했고요. 그래서 지금도 해마다 4월 5일에 아버지 고향에 가서 나무를 심어요. 아버지는 돌아가시고 안 계시지만 그곳의 나무들은 제가 갈 때마다 아버지처럼 저를 반겨준답니다.

문화

개천절

한국의 국경일의 하나로 '개천' 즉, 하늘이 열린 날을 기념하는 날이다. 개천은 기원전 2333년 10월 3일에 이루어진 것으로 알려져 있으며 이 날은 실제로 한국 민족의 시조 '단군'이 고조선이라는 나라를 세운 날이었다. 개천절은 1909년부터 경축일로 지정되어 해마다 기념하고 있다.

과제 2 듣고 말하기

01 다음 토론을 듣고 질문에 답하십시오.

CD 06-3

1) **들은 내용은 무엇에 대한 토론입니까?** (　　　)

❶ 기념일의 종류　❷ 기념일의 유래
❸ 기념일의 장단점　❹ 기념일의 필요성

2) **토론자들의 기념일에 대한 의견을 다음 표에 나누어 정리해 보십시오.**

긍정적인 의견	부정적인 의견
• 현대인들의 삶에 활력소를 준다.	• 시간낭비다.
•	•
•	•
•	•

3) **들은 내용과 같으면 O, 다르면 X 하십시오.**

❶ 사회자는 밸런타인데이를 비롯하여 삼겹살데이, 오이데이에 대해서도 잘 알고 있다. (　　　)

❷ 토론하는 남자들은 모두 요즘의 기념일에 대해서 부정적인 생각을 가지고 있다. (　　　)

❸ 밸런타인데이는 한국 사람들 대부분이 잘 알고 있는 기념일이다. (　　　)

❹ 기념일 중의 어떤 것들은 기업의 이익을 위해 생긴 날이다. (　　　)

02 여러분은 요즘 새롭게 생긴 기념일을 챙기는 것에 대해서 어떻게 생각합니까? 긍정적인 입장, 부정적인 입장 중에서 하나를 선택해 자신의 경험과 연결해 이야기해 봅시다.

금시초문
무미건조하다
다람쥐 쳇바퀴 돌 듯
전략
핑계
아기자기하다

과제 3 읽고 쓰기

01 다음 글을 읽고 질문에 답하십시오.

최근 작곡가의 탄생이나 서거에 맞춰 음반이나 공연을 만들어내는 '기념일 마케팅'이 붐을 이루고 있다. 소설계나 미술계에서도 있는 일이지만 유독 클래식 음악계에서 이러한 현상이 두드러지게 나타나고 있다. 이는 클래식 음악계의 발전이 다른 분야에 비해 정체된 상태에 머물러 있고 새로운 인기곡은 가뭄에 콩 나듯 등장하고 있기 때문이다. 자칫하면 사장될 수도 있는 클래식 음악 시장이 살아남기 위해서는 기존의 명곡들을 재연하여 팔되 차별화된 마케팅이 필요하다. 그리고 이러한 마케팅에는 몇 가지 암묵적인 법칙이 존재한다.

우선 100주년이나 150주년처럼 50년 단위로 시간을 끊어 기념 앨범을 제작하는 것이다. 예를 들어 2010년에 탄생 150주년을 맞았던 작곡가 구스타프 말러(1860년~1911년)의 탄생 150주년 기념 앨범이 제작, 발표되었고 2011년에는 서거 100주기 기념 앨범이 연이어 발표되었다.

또 다른 법칙으로는, 여러 작곡가의 기념일이 겹칠 때 좀 더 유명한 사람이 살아남는다는 것이다. 모차르트(1756년~1791년)의 탄생 250년과 슈만(1810년~ 1856년)의 서거 150주기, 쇼스타코비치(1906년~1975년)의 탄생 100주년이 겹쳤던 2006년에 선택된 작곡가는 모차르트였다. 그해 잘츠부르크 페스티벌에서는 모차르트의 오페라 전곡을 무대에 올리며 그의 탄생 250주년을 기념하였다.

또한 작곡가의 기념일이 있는 해와 역사적으로 중요한 의미가 있는 해가 겹치면 그 작곡가는 더욱 부각되고 강조된다. 지난 2000년, 서거 250주기를 맞았던 음악의 아버지 바흐(1685년~1750년)의 음악은 밀레니엄과는 아무 연관이 없는데도 불구하고 2000년 한 해 동안 지구촌 곳곳에서 울려 퍼졌다.

이러한 음악계의 기념일 마케팅은 온통 타계한 작곡가들의 생일과 기일만 따지며 똑같은 것을 우려먹고 있다는 점에서 종종 비판을 받기도 한다. 그러나 이러한 작업을 하는 과정에서 위대한 작곡가들의 숨어있던 작품들이 발견된다거나 잊혀져가는 명곡들이 재조명된다는 점에서는 그 나름대로의 의미가 있다.

1) 위 글은 무엇에 대한 이야기입니까? ( )

❶ 클래식 음악의 위대함 ❷ 음악계의 기념일 종류
❸ 음악계의 기념일 마케팅 ❹ 위대한 작곡가의 재발견

2) 기념일 마케팅을 시행할 때 이용되는 법칙을 다음 표에 정리해 보십시오.

첫째 법칙	50년 단위로 끊어 기념 앨범을 제작한다.
둘째 법칙	
셋째 법칙	

3) 위 글의 내용과 같은 것을 고르십시오. ( )

❶ 음악계에서는 해마다 인기곡이 나오고 있다.
❷ 소설계에서도 기념일 마케팅이 이루어지고 있다.
❸ 밀레니엄을 맞는 기념으로 2000년에 바흐의 음반이 제작되었다.
❹ 음악계의 기념일 마케팅에 대해서 대부분의 비평가들이 비난을 하고 있다.

서거
두드러지다
정체되다
가뭄에 콩 나듯
자칫하면
사장되다
암묵적
부각되다
타계하다
우려먹다

02 위 글을 250자 내외로 요약해 봅시다.

제 7 과 현대인과 도시 생활

- **학습 목표** 현대인들의 일상과 관련된 여러 모습들에 대해 이해하고 표현할 수 있다.
- **어휘** 배보다 배꼽이 더 크다, 허기, 달래다, 전형적이다, 숨 돌리다, 엎어지면 코 닿을 데, 시달리다 / 현대인의 생활 관련 어휘
- **문법** -은 채, -으련만
- **과제** 바람직한 도시의 조건과 그런 도시를 만들 수 있는 방안에 대해 말하기
  힐링에 대한 강연 듣고 말하기
  기기에 의존적인 현대인의 모습에 대한 글 읽고 소개하는 글쓰기

1. 현대인의 일상은 어떻습니까?
2. 도시 생활의 장단점은 무엇입니까?

CD 07-1, 2

혜정 너 커피 또 마시니? 밥값보다 커피 값으로 돈이 더 많이 나가니 배보다 배꼽이 더 크겠다.

은주 아무래도 오늘 밤을 새워야 할 것 같아서 사 갖고 온 거야. 참! 저거 마셔. 내 커피 사면서 네 주스랑 빵도 좀 사 왔어.

혜정 아, 고마워. 배고파 죽는 줄 알았는데 이걸로 허기 좀 달래야겠네. 너 그런데 일이 정말 많은가 보구나.

은주 응, 하루 종일 정신없이 일했는데 해도 해도 끝이 안 보이네. 왜 이렇게 날마다 시간에 쫓기며 살아야 하는 걸까?

혜정 우리 둘 다 여유 없이 살아가고 있는 전형적인 현대인이지 뭐. 식사조차 제때 못 하지를 않나 옷도 못 갈아입은 채 잠든 적이 있지를 않나.

은주 맞아. 좀 여유 있게 살면 좋으련만 숨 돌릴 틈이 없네. 참! 저녁은 어떻게 할까?

혜정 우리 요새 거의 매일 외식했는데 오늘은 집에서 해 먹는 게 어때? 내가 준비할게. 엎어지면 코 닿을 데에 마트가 있으니 내일 아침에 먹을 것도 좀 사 올 겸 얼른 장 봐 올게.

은주 너도 하루 종일 업무에 시달렸을 텐데 고마워. 다음엔 내가 할게.

배보다 배꼽이 더 크다
허기
달래다
전형적이다
숨 돌리다
엎어지면 코 닿을 데
시달리다

어휘 현대인의 생활

시간에 쫓기다

분주하다

빠듯하다

지치다

자동화되다

간편하다

빈 칸에 알맞은 말을 쓰십시오.

방송국 일은 마감 시간 안에 일을 끝내야 하기 때문에 시간에 1) ____________ 게 되는 경우가 많다. 다행히도 예전에는 일일이 손으로 써서 전달해야 했던 뉴스 기사를 지금은 버튼 하나로 전송할 수 있게 되었다. 이렇듯 일 처리가 많이 2) ____________ 어졌지만/아졌지만/여졌지만 이상하게도 마감 때엔 늘 시간이 3) ____________. 그래서 마감 시간을 맞추느라고 4) ____________ 게 하루를 보내고 나면 5) ____________ 어서/아서/여서 잔뜩 피곤한 얼굴로 퇴근하기 일쑤이다.

문법

1 -은 채

동사 뒤에 써서 앞 문장의 행위가 이루어진 상태 그대로 뒤의 내용이 발생했음을 나타낸다. '-은 채로'라고 할 수도 있다.

자음으로 끝나는 동사의 어간 뒤에는 '-은 채', 모음으로 끝나는 동사의 어간 뒤에는 '-ㄴ 채'를 사용한다.

- 주머니에 손을 넣은 채 계단을 내려가는 건 위험하다.
- 그 사람은 고속도로 근처에서 숨진 채 발견되었다.
- 결론을 내리지 못한 채 회의가 끝나 버렸다.
- 남북으로 나뉜 채 60여 년의 세월이 흘렀다.

다음은 바쁜 직장 생활을 하는 두 회사원의 대화입니다. 대화를 완성하십시오.

민지: 요즘 계속 야근을 했더니 피로가 쌓여서 그런지 너무 정신이 없어요. 요새 계속 실수만 해요.

세희: 왜요? 무슨 실수를 했는데요?

민지: 어제 아침에 출근할 때 깜빡 잊고 문을 1) 잠그지 않은 채 나왔어요.

세희: 그래도 아무 일 없었지요? 살다가 보면 그런 정도의 실수야 누구나 하지요.

민지: 그렇긴 한데 그뿐만이 아니었어요. 어제도 야근을 했지만 결국 일을 다 2) ____________은/ㄴ 채 퇴근을 했는데 집에 돌아가서는 너무 피곤해서 옷을 3) ____________은/ㄴ 채 잠이 들었어요. 안경도 4) ____________은/ㄴ 채로요. 그리고 늦게 일어나서 허둥지둥 출근을 했는데 집에 불을 5) ____________은/ㄴ 채로 나온 거예요.

세희: 네, 하긴 저도 오늘 아침에 가스 불에 냄비를 6) ____________은/ㄴ 채 나와서 다시 집에 들어갔다가 나왔지 뭐예요.

2 -으련만

동사, 형용사 뒤에 써서 어떤 조건이 충족된 상황을 기대하며 가정해 보지만 뒤의 상황은 그렇지 않음을 나타낸다. 주로 '-으면 -으련만'의 형태로 쓰인다.

자음으로 끝나는 동사, 형용사의 어간 뒤에는 '-으련만', 모음으로 끝나는 동사, 형용사의 어간 뒤에는 '-련만'을 사용한다.

- 내용이 좀 쉬우면 좋으련만 그렇지 않으니 정말 한 쪽 읽기도 힘드네.
- 비가 안 오면 지금 출발하련만 계속 비가 오니 갈 수가 없구나.
- 돈이 있으면 구멍가게라도 하련만 형편이 안 되니 그럴 수가 없다.
- 휴가가 길었으면 여행을 갔으련만 못 가서 아쉽다.

다음은 회사에 출근한 직장인들의 대화입니다. 대화를 완성하십시오.

정수: 또 샌드위치를 드세요?

영호: 네, 1) 좀 일찍 일어나면 아침을 먹고 출근하련만 오늘도 늦게 일어나서 그냥 나왔어요.

정수: 그럼 점심은 제대로 드셔야겠어요.

영호: 2) ______________ 으련만/련만 급하게 처리해야 할 업무가 있어서 김밥으로 간단히 때워야 할 것 같아요.

정수: 일이 정말 많으시군요. 그럼 오늘도 야근하시는 거예요?

영호: 네, 3) 제 시간에 퇴근하면 좋으련만 ______________________.

정수: 그럼 다른 동료들에게 부탁해 보지 그러세요?

영호: 4) ______________ 으련만/련만 저희 팀 사람들이 다들 바빠서 그럴 수가 없어요.

정수: 매일 늦게 퇴근하니 힘드시겠어요. 회사 근처로 이사하지 그러세요?

영호: 5) ______________ 으련만/련만 마땅한 집이 없더라고요.

정수: 흠... 회사 바로 옆은 아니지만 저희 동네에도 괜찮은 원룸이 있는데요.

영호: 거긴 비싸잖아요. 6) ______________ 으련만/련만 ______________.

과제 1 말하기

01 여러분이 생각하는 바람직한 도시의 조건은 무엇입니까? 그런 도시가 갖춰야 할 조건들 중 가장 중요하다고 생각하는 것을 5개만 골라 □안에 ✓표를 하십시오.

□ 일의 종류가 다양하고 일자리가 많아야 한다.
□ 편의시설(쇼핑몰, 은행, 병원 등)이 잘 갖춰져 있어야 한다.
□ 물가가 적당해야 한다.
□ 교통이 편리해야 한다.
□ 교육 여건이 좋아야 한다.
□ 쓰레기 처리나 상수도 수질 관리가 위생적이어야 한다.
□ 대기오염이나 소음공해가 적고 거리가 깨끗해야 한다.
□ 집값이 비싸지 않아야 한다.
□ 공항에 가기 편리해야 한다.
□ 우범지대가 없이 안전해야 한다. (감시카메라 시설 등)
□ 여가를 즐길 수 있는 공간이 있어야 한다. (극장, 운동 시설, 미술관 등)
□ 인터넷이나 무선통신 서비스 사용이 편리해야 한다.
□ 행정 서비스 처리가 신속해야 한다.
□ 여러 나라의 문화를 접할 수 있는 국제화된 분위기여야 한다.
□ 상권과 주거권이 잘 분리되어 있어야 한다.
□ 공원과 같은 휴식 공간이 있어야 한다.

02 여러분이 시장이라면 위의 조건을 갖춘 도시를 만들기 위해서 어떻게 할지 이야기해 보십시오.

과제 2 듣고 말하기

01 다음은 강연의 일부입니다. 듣고 질문에 답하십시오.

CD 07-3

1) **무엇에 대한 강연입니까?** ( )

❶ 힐링의 장단점 ❷ 힐링의 역사
❸ 힐링 산업의 유행 ❹ 힐링의 방법과 효과

2) **빈 칸에 알맞은 내용을 쓰십시오.**

방법	효과
________	스트레스를 낮춤.
________ 프로그램	마음을 비우고 ________ 을/를 얻을 수 있음.
________	자기 자신과의 대화가 늘어 ________ 이/가 됨.

3) **들은 내용과 같으면 ○, 다르면 × 하십시오.**

❶ 명상을 하면 쾌락을 느낄 때 나오는 호르몬이 많아진다. ( )
❷ 산사의 자연 속에서 절제된 생활을 하는 프로그램이 최근 인기를 얻고 있다. ( )
❸ 혼자 여행을 가면 고민하던 문제의 해결책을 쉽게 찾을 수 있다. ( )

02 여러분도 힐링을 위한 노력을 해 본 경험이 있습니까? 여러분이 생각하는 효과적인 힐링의 방법에 대해서 이야기해 봅시다.

쾌락
도파민
다스리다
산사
절제되다
평안
고독
차원
뒤따르다
내면
정화

과제 3 읽고 쓰기

01 다음 글을 읽고 질문에 답하십시오.

현대인의 삶을 한 마디로 요약하면 분주함이라 할 수 있겠다. 바쁜 일상 속에서 일정을 짜고 관리할 때, 다른 사람과 연락을 할 때, 여가 시간을 보낼 때 우리는 TV, 휴대전화, 인터넷을 사용하곤 한다. 이 세 가지는 현대인의 일상과 뗄래야 뗄 수가 없는 필수품이 되어 현대인의 삶에서 절대적인 영향력을 행사하고 있다. 그런데 어느 날 갑자기 이런 기기들을 사용할 수 없게 된다면 우리의 일상은 어떻게 될까?

최근 한 방송사에서 코미디언 6명을 섭외하여 TV, 휴대전화, 인터넷 없이 일주일간 살아 보는 실험을 진행했다. 실험 초기에 참가자들은 여러 가지 불편을 호소했고 곤란한 상황에 처하기도 했다. 휴대전화가 없어 중요한 약속이나 일정을 잊어버리거나 기본적으로 기억하고 있어야 할 가족의 전화번호도 외우지 못해 당황하는 일도 있었다.

참가자들은 무엇보다도 혼자 있는 시간을 참기 어려워했다. 혼자 있을 때는 늘 TV나 인터넷, 혹은 휴대전화 중 한 가지를 들여다보며 시간을 보냈기 때문에 이들 기기를 사용할 수 없게 되자 시간을 어떻게 보낼지 몰라 쩔쩔맸다. 급기야 불안해하는 금단 증상까지도 보이는 등 이런 기기들이 발명되기 이전에는 어떻게 살았을까 싶을 정도였다.

결국 이들은 남는 시간의 무료함을 달래기 위해 사람을 찾기 시작했다. 사람을 그리워하게 되고 사람을 만났을 때는 평소보다 더 반가워하는 모습을 보였다. 이렇게 사람을 직접 만나 일을 처리하게 되면 용건만 간단히 말하고 헤어지는 것이 아니라 그 외에 이런저런 이야기까지 나누며 인간적인 교류도 하게 되었다.

현대인들이 늘 이용하는 TV와 휴대전화, 인터넷의 부재는 지금까지 잊고 지내 왔던 다른 사람과의 직접적인 교류가 중요하다는 사실을 새삼 일깨워 준다. 주위 사람이 없을 때 고독감을 느끼지 못했던 건 사람의 빈 자리를 TV와 휴대전화, 인터넷이 채웠기 때문이다.

우리가 이런 현대 문명의 이기를 이용한 지 그리 오래되지 않았음에도 불구하고 이런 기기들과 동떨어져서 살아가기를 힘들어한다는 건 참 신기한 일이다. 지금이라도 디지털화와 편리함이 현대인의 일상에서 빼앗아 가 버린 것은 무엇인지 생각해 봐야 하겠다.

1) 위 글에서 소개한 실험은 현대 문명의 이기의 어떤 점을 알아보기 위한 것입니까? (　　)

❶ TV, 휴대전화, 인터넷의 편리함
❷ TV, 휴대전화, 인터넷의 영향력
❸ TV, 휴대전화, 인터넷의 발달 정도
❹ TV, 휴대전화, 인터넷의 장단점

2) 위 글에서 실시한 실험을 통해 알게 된 내용을 쓰십시오.

단계	예
불편을 호소함.	① ________ 을/를 잊어버림. ② ________ 을/를 기억하지 못함.
혼자 있는 시간을 참기 어려워함.	① 시간을 어떻게 보낼지 몰라 ________. ② ________________.
사람을 찾기 시작함.	① 사람을 그리워함. ② 사람을 만났을 때 평소보다 ________. ③ 인간적인 교류를 하게 됨.

3) 위 글의 내용과 같으면 ○, 다르면 × 하십시오.

❶ 위의 실험의 참가자는 모두 6명으로 실험은 일주일간 진행되었다. (　　)
❷ 위의 실험에서 참가자들에게 모든 전자제품을 사용하지 못하도록 했다. (　　)
❸ TV와 같은 기기가 현대인의 만남의 방식을 바꾸고 있다. (　　)

02 여러분이 알고 있는 현대인의 모습을 소재로 한 영화나 노래를 소개하는 글을 써 보십시오.

행사하다
섭외하다
쩔쩔매다
급기야
금단 증상
일깨우다
문명
이기

제 8 과 한국의 교육

- **학습 목표** 교육의 필요성과 가치를 이해하고 표현할 수 있다.
- **어휘** 쏘다니다, 동의하다, 학업, 뒤떨어지다, 감수성, 풍부하다 / 교육 관련 어휘
- **문법** -거니와, -더라도
- **과제** 대학 교육의 필요성에 대해 토론하기
  숲 유치원 소개 듣고 유치원 교육에 대해 말하기
  정약용의 편지 읽고 자식에게 보내는 편지 쓰기

초·중·고 학생의 사교육 현황

	참여율(%)	참여 시간(시간)	평균 사교육비(만원)
전체	71.7	6.6	33.5
초등학생	84.6	7.8	28.4
중학생	71.0	7.2	36.8
고등학생	51.6	4.0	42.2

1. 사교육을 받아 본 적이 있습니까?
2. 조기 교육에 대해서 어떻게 생각합니까?

CD 08-1, 2

영 주　어, 벌써 5시네. 한 30분쯤 있다가 일어나자. 오늘 언니 대신 초등학생 조카를 집에 데려다 줘야 하거든. 그래서 학원 끝나는 시간에 맞춰서 가야 돼.

슈테판　한국에서는 초등학생들도 학원에 다녀? 학원을 다녀도 그렇지, 무슨 학원이 이렇게 늦게 끝나?

영 주　모르는 소리 하지 마. 요즘은 초등학생들이 더 바빠. 나보다 스케줄이 더 빡빡하다니까. 미술에 수학에 영어에 학원 3개는 기본이야.

슈테판　그래? 학교 성적 때문에 그러는 거야? 내가 초등학생 때는 학교 수업이 끝나면 여기저기 쏘다니며 논 기억밖에 없는데. 난 어릴 때는 놀이만으로도 충분한 교육이 된다고 생각해.

영 주　나도 네 생각에 동의하지만 한국에서는 현실적으로 불가능한 것 같아. 성적이 중요하기도 하거니와 학원에 다니지 않으면 친구를 사귈 수가 없다고 해.

슈테판　뭐야, 친구를 만나러 학원에 간다고? 놀이 친구가 아니라 학원 친구라니, 한창 놀아야 할 나이에 너무한 거 아니야?

영 주　그렇긴 한데 아이가 심하게 스트레스를 받거나 싫어하지 않는다면 학원에 다니면서 얻을 수 있는 좋은 점도 있다고 봐. 이것저것 배우면서 적성을 좀 더 빨리 찾을 수도 있고 말이야.

슈테판　음, 그래도 내가 부모라면 아이를 학원에 보내지 않을 것 같아. 나는 우리 아이가 남들보다 학업 면에서 조금 뒤떨어지더라도 감수성과 창의력이 풍부한 아이로 자랐으면 좋겠어.

쏘다니다
동의하다
학업
뒤떨어지다
감수성
풍부하다

어휘 교육의 종류

공교육	국가 기관이나 지방 공공 단체가 관리하고 운영하는 교육
사교육	개인의 재원에 의하여 유지되고 운영되는 교육
조기교육	정해진 나이보다 일찍 시작하는 교육
영재교육	우수한 재능을 타고난 아동을 대상으로 하는 교육
평생교육	유아기부터 노년기까지 전 생애에 걸쳐 이루어지는 교육
대안교육	기존의 공교육의 문제점을 극복하기 위해 신체적, 지적, 정서적인 부분을 고르게 발달시키려는 교육
인성교육	인간으로서의 기본적인 자질과 태도를 길러주는 교육
주입식교육	학생의 흥미, 능력, 이해 등을 고려하지 않고 교사가 학습 내용을 일방적으로 암기하도록 하는 교육

빈 칸에 알맞은 말을 쓰십시오.

1. 교육은 누가 운영하는가에 따라 크게 1) __________과/와 2) __________으로/로 나눌 수 있다. 그리고 어린 아동들에게 숫자, 언어, 예체능 등을 가르치는 것을 3) __________, 학습 연령에 제한이 없어 노년기까지 배움이 계속되는 것을 4) __________이라고/라고 한다. 이들은 주로 사교육을 통해 이루어지는 경우가 많다.

2. 한국에서의 공교육은 대학 입학을 위한 입시위주교육과 학생 개개인의 특성을 고려하지 않고 일방적으로 교과서의 지식을 외우도록 하는 1) __________이라는/라는 점에서 비판을 받고 있다. 현재의 획일적인 학교 교육에 반발하는 사람들이 늘면서 기존의 학교 교육을 대신할 수 있는 2) __________에 대한 관심이 높아지고 있다. 대안교육에서는 학생들이 바른 성품을 가질 수 있도록 지식과 몸과 마음을 균형 있게 발달시키는 3) __________을/를 중요시한다.

문법

1 -거니와

동사, 형용사 뒤에 써서 앞의 내용을 인정하면서 뒤의 사실을 덧붙임을 나타낸다. 앞의 사실에 더해 뒤의 사실까지 있어서 더 어떠하다는 의미이다. 명사를 강조하여 '-도 -거니와'의 형태로 주로 쓰인다. 이미 끝나거나 지난 일에 대해 이야기할 때는 '-었거니와/았거니와/였거니와' 형태를 사용하고 미래나 의지를 나타내고자 할 때는 '-겠거니와'를 사용한다.

- 영수 씨는 일도 열심히 하거니와 운도 좋아서 하는 일마다 성공한다.
- 이 카드가 있으면 음식점에서 할인도 받을 수 있거니와 놀이공원 무료 입장도 가능해요.
- 앞으로는 운동도 열심히 하겠거니와 담배도 끊도록 하겠습니다.
- 시험도 끝났거니와 다음 주엔 연휴도 있으니 여행이라도 갈까?

다음은 직장에 다니는 두 친구의 대화입니다. 대화를 완성하십시오.

영호: 우리 회사 제품 개발팀에서 경력 사원을 모집하는데 한번 지원해 봐. 직원을 위한 복지가 정말 잘 되어 있거든.

정수: 너희 회사는 1) 복지도 최고 수준이거니와 매출도 업계 1위라면서?

영호: 응. 업무 환경이 좋으니까 2) 능률도 오르거니와 ____________. 그게 자연스럽게 매출로 이어지는 것 같아.

정수: 부럽다. 그런데 난 업무 시간이 좀 자유로웠으면 하는데, 어때?

영호: 걱정 마. 3) ____________ 거니와 한 달에 두 번 재택근무도 가능해.

정수: 지난주에 보니까 일요일에도 출근하던데 일이 많은 건 아니야?

영호: 아, 일하러 간 게 아니라 수영도 할 겸 쉬러 간 거야. 회사에 수영장도 있고 아이들 놀이방도 있어서 4) 평일은 물론이거니와 ____________. 수영장은 평일 업무 시간에도 이용할 수 있어.

정수: 업무 시간에 수영을 하면 눈치 주는 사람 없어?

영호: 전혀 없어. 수영도 업무 시간에 포함되기 때문에 5) ____________ 거니와 눈치를 볼 필요도 없어.

정수: 사장님이 어떤 분인지 궁금하다.

영호: 우리 사장님은 6) ____________ 거니와 ____________.

2 -더라도

동사, 형용사 뒤에 써서 가정이나 양보의 의미로 앞 문장의 사실과 상관없이 뒤에서는 기대와 반대되는 행동을 하게 됨을 나타낸다. '-어도/아도/여도'와 의미가 유사하지만 '-더라도'의 뜻이 더 강하다.

- 누가 하더라도 이것보다 더 잘 할 수는 없을 것이다.
- 질문이 쉽더라도 잘 생각하고 대답해야 실수가 없지요.
- 무슨 일이 있더라도 오늘은 일찍 와야 해.
- 발표를 잘 했더라도 시간을 초과하면 점수를 받을 수 없습니다.

다음은 정글 탐험대의 팀장이 대원들에게 이야기한 주의사항입니다. 〈보기〉에서 알맞은 말을 골라 문장을 완성하십시오.

보기

배가 고프다, 시간이 걸리다, 반갑다, 혼자 길을 찾을 수 있을 것 같다, 잠이 오다

이곳은 통신이 불가능한 지역입니다. 혼자 떨어지지 않도록 주의해 주십시오. 만약 팀원들과 헤어지게 되었을 경우 주의 사항을 말씀드리겠습니다. 먼저 1) 길을 잃더라도 당황하지 말고 그 자리에 계십시오. 혼자 여기저기 돌아다니면 팀원들과 더 멀어질 수 있습니다. 이곳은 해가 지면 기온이 급격히 떨어집니다. 그러므로 2) ______________ 더라도 절대 잠들면 안 됩니다. 잠이 들면 체온이 떨어져서 목숨을 잃을 수도 있습니다. 그리고 정글에는 독이 들어 있어서 먹으면 안 되는 식물이 많습니다. 3) ______________ 더라도 아무거나 먹으면 안 됩니다. 정글을 다니다 보면 원주민들 만날 수도 있습니다. 하지만 4) ______________ 더라도 함부로 행동하지 마십시오. 자기를 위협한다고 생각해 여러분을 해칠 수도 있습니다. 여러분, 다시 한 번 강조하겠습니다. 5) ______________ 더라도 욕심을 부리면 안 됩니다. 6) ______________ 더라도 제가 꼭 여러분을 찾으러 갈 테니까 두려워하지 말고 기다리십시오.

과제 1 말하기

01 다음은 2013년, 통계청에서 발표한 한국의 대학 진학률입니다. 그래프를 보고 한국의 대학 진학률에 대해서 이야기해 봅시다.

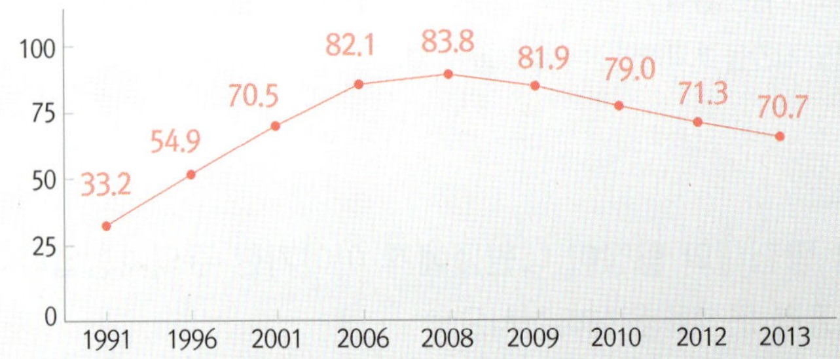

일부 국가의 대학진학률(2011)

- 미국 : 60~64% • 영국 : 57% •일본 : 47% •프랑스 : 41% •독일 : 35%
- **OECD 평균 : 56%**

02 여러분은 대학 교육이 필요하다고 생각합니까? 의견을 정리해서 〈보기〉와 같이 토론을 해 봅시다.

보기

민지 : 저는 대학 교육이 필요하다고 생각합니다. 대학을 다니면 전공 분야에 대한 전문적인 지식을 쌓을 수 있거니와 자기의 잠재 능력이나 흥미를 찾아낼 수 있는 기회도 더 많이 가질 수 있기 때문입니다.

정수 : 저는 그렇게 생각하지 않습니다. 요즘의 대학은 전문적인 지식을 쌓는다기보다는 취업을 위한 하나의 도구로 사용되고 있는 것 같습니다.

과제 2 듣고 말하기

01 다음은 숲 유치원에 대한 소개입니다. 듣고 질문에 답하십시오.

CD 08-3

1) **위에서 언급하지 않은 내용은 무엇입니까?** (　　)

❶ 숲 유치원의 유래　　❷ 숲 유치원의 종류
❸ 숲 유치원의 효과　　❹ 숲 유치원의 의미

2) **'숲 유치원'이란 무엇입니까?**

3) **숲 유치원에 대한 설명으로 맞는 것을 고르십시오.** (　　)

❶ 숲 유치원은 독일에서 처음 시작되었다.
❷ 숲 유치원에서는 교사가 그날의 활동을 정해 준다.
❸ 숲 유치원에 대한 아이들과 학부모의 만족도가 높은 편이다.
❹ 한국의 숲 유치원은 3년 전에 정식 교육기관으로 인정받았다.

02 여러분은 유치원에서 어떤 교육이 이루어져야 한다고 생각하십니까? 이야기해 봅시다.

오감
동원하다
자발적
타협하다
순하다
소모하다
관찰력

과제 3 읽고 쓰기

01 다음은 조선시대의 학자 정약용이 아들에게 보낸 편지입니다. 읽고 질문에 답하십시오.

나의 몸과 마음을 이미 바르게 하였다면 벗을 취하여도 자연히 단정한 사람일 것이다. 서로 기질이 비슷한 사람들끼리 모이게 되므로 특별히 힘쓰지 않아도 된다. 이 늙은 아비가 세상일을 오래 경험하였고 어렵고 험한 일을 겪었기 때문에 사람의 마음을 두루 알게 되었다. 천륜에 인정이 없는 사람은 가까이 하지도 말고 믿지도 말거라. 그가 비록 충성심이 깊고 부지런하며 나에게 정성을 다하더라도 절대로 가까이해서는 안 된다. 아침에는 날씨가 따뜻하나 저녁에는 차가워지는 것처럼 처음에는 잘 하다가도 결국은 은혜와 의리를 잊을 것이기 때문이다. 이 세상에서 두터운 의리와 깊은 은혜는 부모 형제 사이보다 더한 것이 없는데 부모 형제를 가볍게 등지는 사람이라면 친구에게는 더하지 않겠느냐. 이는 쉽게 알 수 있는 이치이다. 너희들은 이것을 기억해라. 모든 불효자를 가까이 하지 말고 형제를 깊이 사랑하지 않는 자를 가까이 하지 말거라. 사람됨을 보려면 우선 가정에서의 행실을 살펴야 한다. 만약 옳지 않은 점을 찾으면 나에게도 그러한 잘못이 있는지 두려워하는 마음으로 나를 돌아보고 공부해야 한다. 옛날에 나의 아버지와 남거 한공1)은 가까운 벗이었는데 두 분 모두 효자셨다. 또한 할아버지와 사곡 윤공2)께서도 서로 친한 벗으로 지내셨는데 모두 효자셨다. 그래서 집안을 보존하였고 명성을 잃지 않았다. 그러나 나는 벗을 바르게 사귀지 못하여 나를 해치려는 자들이 전에 친하게 지내던 사람들이니, 이제 어떤 사람을 사귀어야 하는지를 깨닫게 되었다.

1) 남거 한공 : 한광부 2) 사곡 윤공 : 윤명상

1) **위의 편지에서 정약용이 아들에게 말하고자 한 것은 무엇입니까?**

2) **정약용은 아들에게 어떤 사람을 사귀어야 한다고 했습니까?**

3) **밑줄 친 '서로 기질이 비슷한 사람이 모이게 되므로'의 뜻을 가진 한자성어를고르십시오.** ( )

❶ 유유상종 ❷ 유비무환
❸ 유일무이 ❹ 유언비어

02 여러분이 부모가 되어 자식에게 당부하고 싶은 내용을 담아 편지를 써 봅시다.

벗
단정하다
기질
천륜
두텁다
등지다
이치
불효자
사람됨
명성
해치다

문화

정약용

정약용은 조선 후기의 대표적인 실학자이다. 정조의 신임을 얻어 관직생활을 하지만 정조가 갑자기 세상을 뜨면서 유배 생활을 하게 된다. 멀리 전라남도 강진에서 18년 동안의 유배 생활을 하는 동안 500여 권에 이르는 책을 지으며 학문에 전념했다. 정약용에게는 6남 3녀가 있었는데 첫째와 둘째 아들, 딸 하나를 제외하고는 모두 어릴 때 죽었다. 그래서 남은 아이들에 대한 애정이 남달랐는데 아이들이 한창 자라는 시기를 유배지에서 보냈기 때문에 편지를 통해 아이들을 가르치고 아버지의 사랑을 전했다.

제 9 과 개인과 사회

- **학습 목표** 개인과 사회에 대해서 이해하고 표현할 수 있다.
- **어휘** 연탄, 독거노인, 나르다, 달아나다, 뜻이 있는 곳에 길이 있다 / 개인의 봉사 관련 어휘
- **문법** -더라고요, -음으로써
- **과제** 봉사 활동 계획 말하기
기부자 인터뷰 듣고 기부 사례 말하기
미담에 대한 글 읽고 자신의 경험 쓰기

1. 개인이 할 수 있는 봉사 활동에는 어떤 것들이 있을까요?
2. 봉사 활동은 사회에 어떤 영향을 준다고 생각합니까?

CD 09-1, 2

정 희 슈테판 씨, 코이카 해외봉사단으로 방글라데시에 갔던 친구가 지난주에 귀국해서 오늘 환영회를 하는데 같이 가실래요?

슈테판 아, 블로그에 자주 사진 올리는 친구 말이지요? 방글라데시에서 의료 봉사를 한다던... 안 그래도 한번 만나보고 싶었는데 잘 됐네요.

정 희 참, 슈테판 씨도 봉사 활동에 관심이 많지요? 한국에서도 봉사 활동을 하세요?

슈테판 네, 지난 겨울에는 사랑의 연탄 배달 봉사 활동에 참여해서 독거노인 댁에 연탄을 배달해 드렸어요. 산꼭대기까지 연탄을 나르는 게 꽤 힘들었는데 막상 어르신들께서 고맙다며 손을 잡아 주시니까 힘들다는 생각이 싹 달아나더라고요.

정 희 네, 그러셨군요. 그런데 어떻게 연탄 배달 봉사 활동을 하게 됐어요?

슈테판 아, 뜻이 있는 곳에 길이 있다고 제가 한국에서도 봉사 활동을 하려고 여기저기 물었더니 마침 그 봉사 활동을 하고 있던 한국 친구가 소개해 줬어요. 봉사도 봉사지만 한국에서 봉사 활동을 하는 친구들을 사귀게 돼서 기뻤어요.

정 희 봉사 활동을 함으로써 나누는 기쁨은 물론 친구를 사귀는 기쁨까지 얻으셨네요.

슈테판 네, 근데 정희 씨, 다음에 봉사 활동 갈 때는 우리 같이 가요. 우리 봉사팀에 멋있는 남자들도 많거든요.

연탄
독거노인
나르다
달아나다
뜻이 있는 곳에 길이 있다

어휘 개인의 봉사

기부하다 자선 사업이나 공공사업을 돕기 위해 돈을 무상으로 내주다.
기증하다 물품 등을 남을 위해 그냥 주다.
후원하다 어떤 사람이나 단체가 다른 사람이나 사업 등을 뒤에서 도와주다.
모금하다 사람이나 단체가 성금이나 기부금을 모으다.

봉사 활동 국가나 사회 또는 남을 위하여 자신을 돌보지 않고 애쓰는 행위
구호 활동 재난이나 재해 따위로 어려움에 처한 사람을 도와 보호하는 행위
구조 활동 재난을 당하여 위기에 빠진 사람을 구해 주는 행위

빈 칸에 알맞은 말을 쓰십시오.

개인이 사회를 위해 할 수 있는 일은 여러 가지가 있다. 우선 적은 돈이라도 어려움에 처한 사람들을 위해 1)____________거나 물건을 자선단체에 2)____________을/ㄹ 수도 있다. 또한 어려움에 처한 이들을 돕기 위해 설립된 단체를 3)____________는 방법도 있다. 돈이나 물품으로만 남을 도울 수 있는 것은 아니다. 양로원이나 고아원을 방문해 노인과 어린이들을 위해 여러 가지 일을 하는 4)____________도 매우 뜻있는 일이다. 한편, 세계 여러 곳에서 어려움에 처한 이들을 위해 유니세프나 월드비전 같은 구호단체들은 물품과 인력을 파견해 5)____________을/를 벌이고 있으며 지진이나 홍수가 일어난 현장에는 6)____________을/를 벌일 인력을 파견하고 있다.

문법

1 -더라고요

동사, 형용사 뒤에 써서 과거에 어느 때에 직접 경험하여 새로 알게 된 사실을 지금 상대방에게 옮겨 전달할 때 쓴다. '-더라고'에 높임의 '요'가 붙은 표현이다.

- 그 사람은 한국말을 배운 지 얼마 안 됐는데 실력이 대단하더라고요.
- 얘기만 듣다가 실제로 읽어 봤는데 생각보다 재미없더라고요.
- 어제 인기 가수의 콘서트에 갔는데 콘서트장 주변은 교통이 마비될 정도더라고요.
- 오늘 아침에 출근하다가 보니까 회사 앞에 커피숍이 생겼더라고요.

다음은 봉사 활동을 다녀온 정수와 선배의 대화입니다. 대화를 완성하십시오.

민지: 어제 봉사 활동 다녀왔다면서? 사람들이 많이 왔니?

정수: 네, 1) 사람들이 정말 많이 왔더라고요.

민지: 연탄 나르기는 처음 해 보는 거지? 어땠어?

정수: 생각보다 2) ____________________ 더라고요.

민지: 어제 날씨가 굉장히 추웠는데 고생이 참 많았겠다.

정수: 날씨는 추웠지만 연탄을 나르다 보니 3) ____________ 더라고요.

민지: 참, 어제 대한방송에서 봉사 활동에 대해서 취재를 했다면서?

정수: 네, 4) ____________________ 더라고요.

민지: 연탄은 어떻게 날랐어? 지게를 이용했어?

정수: 네, 5) ____________________ 더라고요.

민지: 봉사 활동을 해 보니 어때? 보람이 있지?

정수: 6) ____________________ 더라고요.

2 -음으로써

동사 뒤에 써서 어떤 행위를 도구, 방법, 수단으로 함을 나타낸다. '-음으로'의 형태로도 쓸 수 있다.

자음으로 끝나는 동사의 어간 뒤에는 '-음으로써', 모음으로 끝나는 동사의 어간 뒤에는 '-ㅁ으로써'를 사용한다.

- 노사가 서로 양보함으로써 이번 파업 문제는 원만하게 해결되었다.
- 쓰레기 분리수거를 함으로써 환경 보호에 도움을 줄 수 있다.
- 학교 내에 상담실을 설치함으로써 학교 폭력 문제를 줄일 수 있게 되었다.
- 가전제품 플러그를 빼 놓음으로써 가정 에너지의 10% 정도를 절약할 수 있다.

다음은 어느 회사의 회의 내용 메모입니다. 내용에 맞게 대화를 완성하십시오.

1. 특허 문제로 소송 → 상대 회사 고소 취하
2. 노사 문제 → 노사 대화로 화해
3. 자금 문제 → 공장 매각
4. 매출 감소 → 신제품 개발
5. 무역 적자 → 원화 환율 하락으로 해결
6. 기업 기밀 유출 → 더욱 철저한 회사 기밀 관리

회 장: 소송 중인 특허 문제는 해결됐나요?

김부장: 네, 상대 회사가 1) 고소를 취하함으로써 특허 문제가 해결됐습니다.

회 장: 그리고 노사 문제는 이제 잘 마무리됐지요?

이부장: 네, 2) ____________ 음으로써/ㅁ으로써 잘 해결됐습니다.

회 장: 요즘 회사 자금 사정이 안 좋다던데. 해결이 될 것 같나요?

박부장: 노력 중입니다. 3) ____________ 음으로써/ㅁ으로써 ____________.

회 장: 그런데 최 부장, 상반기 영업부 실적이 저조하군요.

최부장: 네, 그래서 4) ____________ 음으로써/ㅁ으로써 장기적으로 매출을 올릴 계획을 가지고 있습니다.

회 장: 그나저나 지난달 무역이 또 적자가 났네요.

유부장: 네. 그렇지만 이번 달에는 5) ____________ 음으로써/ㅁ으로써 ____________.

회 장: 참 , 우리 회사 기밀을 유출시킨 범인은 잡았나요? 다시는 그런 일이 생기지 않도록 회사 기밀 관리를 철저히 하세요.

임부장: 네. 6) ____________ 음으로써/ㅁ으로써 ____________.

과제 1 말하기

01 다음은 1인 기부모금활동가의 활동입니다. 어떤 활동을 하는지 읽어 봅시다.

사례		
이근철 (28세, 회사원)	자전거 기부	취미가 자전거타기인데 1년에 한 번 전국을 자전거로 일주하며 거리 공연을 펼친다. 공연으로 번 돈을 모아 어려운 아이들에게 자전거를 선물한다.
이동훈 (59세, 의사)	마라톤 기부	취미가 달리기인데 1년에 한 번 '기부 마라톤 대회'를 열고 있다. 이 대회에서 모인 참가비로 형편이 어려워 치료를 못 받는 어린이들에게 치료비를 지원해 준다.
최영미 (42세, 기업가)	자선파티 기부	아프리카 말라위의 아이들을 위한 초등학교 건립을 위해 연말에 자선파티를 열어 모금을 하고 있다.
김정권 (29세, 고등학교 교사)	쇼핑 사이트 운영 기부	사람들이 옷을 구입하면 자동으로 1%가 기부되는 인터넷 쇼핑 사이트를 운영하고 있다. 기부된 돈은 어려운 이웃을 위해 사용하고 있다.

02 여러분이 할 수 있는 1인 기부모금활동에 대해 이야기해 봅시다.

문화

1인 기부모금활동가

개인이나 단체의 기부활동을 독려하는 모금 전문가로서 조직으로 이뤄지던 기부 활동이 개인적인 차원으로 확대된 형태를 말한다. 1인 기부모금활동가들은 자신이 좋아하고 잘 할 수 있는 활동을 이용하여 모금 활동을 벌인다. 또한 최근에는 1인 미디어의 발달로 모금 활동 형태가 더욱 다양화되고 있다.

과제 2 듣고 말하기

01 다음을 듣고 질문에 답하십시오.

CD 09-3

1) **무엇을 들었습니까? (　　　)**

❶ 강의　　❷ 뉴스
❸ 대담　　❹ 인터뷰

2) **김순진 할머니가 대학교에 기부를 하게 된 이유는 무엇입니까?**

3) **들은 내용과 같으면 O, 다르면 X 하십시오.**

❶ 김 할머니의 재산은 장사와 부동산 투자를 해서 번 것이다. (　　)
❷ 기부를 결심할 때 김 할머니 가족들의 반대가 있었다. (　　)
❸ 기부를 받은 대학교는 김 할머니의 대학 입학을 허락해 주었다. (　　)

02 여러분이 알고 있는 기부 사례가 있으면 소개해 보십시오.

가훈
흔쾌히
아무쪼록
일조하다

과제 3 읽고 쓰기

01 다음 글을 읽고 질문에 답하십시오.

한 해가 저물어 가고 있었다. 하늘에서 내려온 눈송이들은 풍금소리가 되어 사람들 마음속으로 쌓이고 세상의 저녁은 평화로웠다. 난로 위에서 가쁜 숨을 토하며 보리차가 끓고 있고, 처마 밑 고드름은 제 팔을 길게 늘어뜨려 바람에 몸을 씻고 있었다.

저녁 무렵 음식점 출입문이 열리더니 한 여자아이가 동생들을 데리고 들어왔다. 초라한 차림의 아이들은 잠시 머뭇거리다가 주방에서 가장 가까운 테이블에 자리를 잡았다. 영철이 주문을 받기 위해 아이들 쪽으로 갔을 때 큰 아이가 동생들에게 물었다.

"뭐 시킬까?"

"자장면"

"나두..."

"아저씨 자장면 두 개 주세요."

영철은 주방에 있는 아내 영선에게 음식을 주문한 후 난로 옆에 서 있었다. 그때 아이들의 말소리가 그의 귓가로 들려왔다.

"근데 언니는 왜 안 먹어?"

"응, 점심 먹은 게 체했나 봐. 아무것도 못 먹겠어."

일곱 살쯤으로 보이는 남자아이가 나무젓가락을 입에 물고 말했다

"누나, 그래도 좀 먹어 봐. 얼마나 맛있는데."

"누나는 지금 배가 아파서 못 먹어. 오늘은 네 생일이니까 맛있게 먹어."

큰 아이는 그렇게 말하며 남동생의 손을 꼭 잡아 주었다.

"언니... 우리도 엄마 아빠가 있었으면 얼마나 좋을까. 저렇게 같이 저녁도 먹구."

아이의 여동생은 건너편 테이블에서 엄마 아빠랑 저녁을 먹고 있는 제 또래의 아이들을 부러운 눈으로 바라보고 있었다. 바로 그때 영선이 주방에서 급히 나왔다. 그녀는 고개를 갸우뚱거리며 한참 동안 아이들 얼굴을 유심히 바라보았다.

"왜? 아는 애들이야?"

"글쎄요, 그 집 애들이 맞는 거 같은데..."

잠시 생각에 잠겨 있던 영선은 아이들에게 다가갔다.

"너 혹시 인혜 아니니? 인혜 맞지?"

"네, 맞는데요. 누구세요?"

영선의 갑작스런 물음에 아이는 어리둥절해했다.

"엄마 친구야. 나 모르겠니? 영선이 아줌마."

"......."

개나리 같이 노란 얼굴을 서로 바라볼 뿐 아이들은 말이 없었다.

"한 동네 살았었는데 네가 어릴 때라서 기억이 잘 안 나는 모양이구나. 그나저나 엄마 아빠 없이 어떻게들 사니?"

그녀는 반가운 얼굴로 아이들의 머리를 하나하나 어루만지고 있었다.

"인정이도 이제 많이 컸구나. 옛날엔 걸음마도 잘 못하더니..."

그제야 기억이 났다는 듯 굳어 있던 아이들의 얼굴에 환한 미소가 번졌다.

"조금만 기다리고 있어. 아줌마가 맛있는 거 해다가 줄게."

영선은 서둘러 주방으로 들어갔다. 그리고 잠시 후 자장면 세 그릇과 탕수육 한 접시를 내왔다. 아이들이 음식을 먹는 동안 그녀는 내내 흐뭇한 얼굴로 아이들을 바라보고 있었다.

"안녕히 계세요"

"그래, 잘 가거라. 차 조심하고. 자장면 먹고 싶으면 언제든지 와. 알았지?"

"네."

영선은 문 앞에 서서 아이들이 저만큼 걸어갈 때까지 손을 흔들어 주었다. 어두운 길을 총총히 걸어가는 아이들의 뒷모습이 처마 끝에 매달려 제 키를 키워가는 고드름처럼 힘겨워 보였다.

아이들이 가고 난 뒤에 영철은 영선에게 물었다.

"누구네 집 애들이지? 나는 아무리 생각해도 기억이 안 나는데..."

"사실은 나도 모르는 애들이에요. 엄마 아빠가 없는 아이들이라고 해서 무턱대고 음식을 그냥 주면 아이들이 상처 받을지도 모르잖아요. 엄마 친구라고 하면 아이들이 또 올 수도 있고 해서..."

"그랬군. 그런데 아이들 이름은 어떻게 알았어?"

"아이들이 말하는 걸 들었어요. 주방 바로 앞이라 안에까지 다 들리던데요"

"이름까지 알고 있어서 나는 진짜로 아는 줄 알았지."

"오늘이 남동생 생일이었나 봐요. 자기는 먹고 싶어도 참으면서 동생들만 시켜주는 모습이 어찌나 안돼 보이던지..."

영선의 눈에 맺혀 있는 눈물은 금방이라도 흘러내릴 것만 같았다. 가난으로 주눅 든 아이들에게 상처를 주지 않으려고 했던 아내를 보며 영철은 많은 생각을 했다. 그날 저녁의 감동은 기억 저편에서 아스라이 들려오는 풍금소리처럼 지금도 그의 마음속 깊이 울려 퍼지고 있었다.

상처를 주지 않고 사랑하기란 얼마나 어려운 일인가. 소리 없이 아픔을 감싸준다는 것은 얼마나 아름다운 일인가.

〈출전〉 이철환, 2002,『연탄길』, p.27~p.32, 삼진기획

1) 위 글은 무엇에 대한 이야기입니까? ( )

❶ 가난의 상처 ❷ 진정한 배려
❸ 기부의 즐거움 ❹ 가족의 소중함

2) 큰 아이는 왜 음식을 시키지 않았습니까?

3) 위 글의 내용과 같은 것을 고르십시오. ( )

❶ 이 이야기의 배경은 겨울이다.
❷ 아이들은 자장면과 탕수육을 시켰다.
❸ 이 식당 여주인은 아이들의 부모와 친구사이다.
❹ 이 식당 부부는 아이들이 없기 때문에 동정심이 생겼다.

02 여러분이 이웃에게 받은 도움에 대해서 글을 써 보십시오.

언제	
누구에게	
받은도움	

풍금
처마
고드름
초라하다
머뭇거리다
어루만지다
맺히다
아스라이

제 10과 전통과 문화유산

* **학습 목표** 한국의 전통과 문화유산에 대해서 이해하고 표현할 수 있다.
* **어휘** 뒷전, 설계, 박학다식, 어우러지다, 둘러싸다, 정교하다, 유지되다 / 문화유산 보존 관련 어휘
* **문법** -길래, -는 데
* **과제** 전통문화의 현대화에 대해서 토론하기
  무형문화유산에 대한 강연 듣고 문화유산 소개글 쓰기
  불국사와 석굴암의 창건 설화 읽고 문화유산과 관계있는 옛날이야기 말하기

1. 여러분이 알고 있는 한국의 문화유산이 있습니까?
2. 여러분 나라의 대표적인 문화유산은 무엇입니까?

CD 10-1, 2

유리 자료를 찾다 보니 경주에 문화 유적이 많길래 이번 여행지를 경주로 정했는데 정말 경주에 오길 잘 한 것 같아요.

민철 그렇죠? 저도 중학교 수학여행으로 와 보고 처음인데, 그때는 친구들과 어울려 노는 데 정신이 팔려서 구경은 뒷전이었어요.

유리 그 나이엔 다 그렇죠. 그건 그렇고 이 석굴암은 매우 과학적으로 설계된, 세계에서 유례를 찾아볼 수 없는 인공 석굴이라지요?

민철 와, 유리 씨는 역사학을 전공해서 그런지 정말 박학다식하네요. 맞아요. 석굴암은 종교와 예술, 과학과 건축이 어우러진 문화유산이라고들 해요.

유리 저 천장의 돌 무게가 20톤인데 돌을 자르고 깎는 데 한 치의 오차도 허용하지 않았다고 해요. 그리고 이 벽을 둘러싸고 있는 조각들도 정말 정교하고 사실적이지 않아요?

민철 네, 정말 그러네요. 통일신라 사람들은 돌을 다루는 데 매우 뛰어난 기술을 가졌었군요.

유리 그뿐만 아니라 석굴 안에 습기가 차지 않도록 아침과 저녁, 여름과 겨울의 온도 차이까지도 계산해서 굴을 만들었대요.

민철 그런 기술력이 있었기에 석굴암이 천 년 이상 유지되어 올 수 있었던 거군요. 오늘 유리 씨 덕분에 많이 배웠네요. 유리 씨, 석굴암에 대해 논문 하나 쓰셔도 되겠는데요?

뒷전
설계
박학다식
어우러지다
둘러싸다
정교하다
유지되다

어휘 문화유산 보존

발굴하다

지정되다

등재되다

훼손되다

도난당하다

소실되다

복원되다

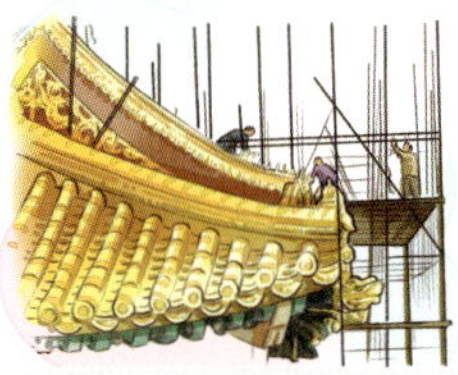
보수하다

보존하다

빈 칸에 알맞은 말을 쓰십시오.

1. 팔만대장경은 고려시대에 부처의 힘으로 외적을 물리치기 위해 목판에 불경을 새긴 것인데 그 판수가 8만여 개에 이르며, 현존하는 가장 오래된 목판대장경이다. 국보 제 32호로 1) ______________어/아/여 지금도 거의 2) ______________지 않은 원래 모습 그대로를 유지하고 있고 2007년 6월에는 그 가치와 중요성을 인정받아 유네스코 세계기록유산으로 3) ______________었다/았다/였다. 이를 4) ______________기 위해 관광객 출입 제한과 대장경판 하나하나의 모습과 내용을 디지털화하는 등의 노력을 하고 있다.

2. 문화유산은 한 나라의 역사이며 세계화시대에 큰 경쟁력이 될 수 있다. 따라서 아직 숨겨져 있는 유산들을 1) ______________어/아/여 예전 모습으로 2) ______________거나 낡고 부서진 곳을 3) ______________는 일은 가치를 따질 수 없는 일이다. 동시에 보존되어 있는 유산들이 도굴꾼이나 부주의로 인해 4) ______________거나 5) ______________지 않도록 국민들에게 문화유산에 대한 올바른 인식을 심어 주어야 할 것이다.

문법

1 -길래

동사, 형용사 뒤에 써서 앞 문장은 뒤 문장의 원인이나 이유를 나타낸다. 말하는 사람이 어떤 사실이나 상태를 알게 되거나 또는 다른 사람의 행동이나 상태를 보고 뒤 문장과 같은 행동을 하게 되었음을 나타낸다.

- 교통 체증이 심하길래 지하철을 탔어요.
- 기다리다가 금방 올 것 같지 않길래 전화를 걸어 봤다.
- 옷을 반값 할인해서 팔길래 두 벌 샀어요.
- 백화점에 갔는데 문이 닫혔길래 그냥 왔어요.

대화를 완성하십시오.

수미: 이거 웬 만두예요?
민지: 1) 만두가 맛있길래 포장해 왔어요.

수미: 비도 안 오는데 우산은 왜 가지고 왔어요?
민지: 2) ____________ 길래 가지고 나왔어요.

수미: 친구도 깨워서 데리고 오지 왜 혼자 왔어요?
민지: 3) ____________ 길래 혼자 왔어요.

수미: 무슨 일 있어요? 왜 그렇게 급하게 뛰어 와요?
민지: 골목이 아주 어두워서요. 4) ____________.

수미: 서류 번역은 누구한테 부탁했어요?
민지: 영수 씨가 미국 유학파더라고요. 5) ____________.

수미: 진료 받았어요?
민지: 아니요. 요즘 감기 환자가 많은가 봐요. 6) ____________.

2 -는 데

동사 뒤에 써서 '-는 것', '-는 때', '-는 경우', '-는 상황'을 나타낸다. 주로 '효과가 있다/없다, 효과적이다, 필요하다, 필수적이다, 중요하다, 도움이 되다' 등과 같이 쓰인다.

- 우리 회사에서는 승진하는 데 봉사 점수가 꼭 필요하다.
- 이건 옛날에 나무를 자르는 데 사용되었던 물건이야.
- 이 사건을 해결하는 데 중요한 역할을 하는 증거를 찾았다.
- 허브의 향은 모기를 쫓는 데 효과적이라고 해요.

유학을 준비하는 수미가 친구에게 조언을 구하고 있습니다. 대화를 완성하십시오.

수미: 1) 어학연수 하는 데 돈이 얼마나 들었어?

민지: 학비로 한 달에 80만 원쯤 들었던 것 같아. 너도 중국으로 어학연수 가려고?

수미: 응. 2) 중국어가 ______________ 는 데 도움이 될 것 같아서 다녀오려고 해.

민지: 하긴. 요즘은 중국어가 능통한 사람을 뽑는 회사가 많으니까.

수미: 어학연수 하면서 중국어로 말이 통하기까지 얼마나 걸렸어?

민지: 3) 일상생활에서 필요한 말을 ______________ 는 데 3개월 정도 걸린 것 같아.

수미: 그렇구나. 그런데 중국어를 어떻게 하면 빨리 배울 수 있을까?

민지: 나는 중국 친구들을 많이 사귀면서 틀리든 말든 그냥 중국어로 말했어. 4) 언어를 배우는 데는 ______________. 그리고 드라마도 꾸준히 봤어.
5) 드라마를 보는 게 ______________ 는 데 효과적이거든.

수미: 나도 그렇게 해 봐야겠다.

민지: 참, 내가 책 하나 빌려 줄게. 중국 문화에 대한 책인데 6) ______________ 는 데 ______________.

과제 1 말하기

01 다음은 현대화된 전통 공연 사진입니다. 사진을 보고 이야기해 봅시다.

02 위에서 이야기한 것을 바탕으로 아래의 빈 칸을 채우고 <보기>와 같이 토론해 봅시다.

전통을 그대로 지켜야 한다.	현대인의 정서에 맞게 바꿔야 한다.
· 형태가 바뀌면 의미가 없다. · ·	· 전통을 고수하면 현대인에게 외면당한다. · ·

보기

민지 현대의 많은 사람들은 전통 문화를 가까이하지 않습니다. 특히 음악의 경우는 더 그런 것 같습니다. 따라서 전통 문화가 오래 지속되기 위해서는 현대인의 정서에 맞게 변해야 한다고 생각합니다.

정수 저는 그렇게 생각하지 않습니다. 전통 문화는 원래 모습 그대로를 유지할 때 의미가 있다고 생각합니다.

과제 2 듣고 쓰기

01 다음 강연을 듣고 질문에 답하십시오.

CD 10-3

판소리

강강술래

줄타기

1) **무형문화재란 무엇입니까?**

2) **강강술래와 줄타기에 대한 설명입니다. 빈 칸을 채우십시오.**

	강강술래	강강술래
언제	정월대보름, ________	단오, 추석, ________
누가	________	광대
특징	· ________ 을/를 기원하는 놀이 · ________ 을/ㄹ 때 시작	· 안전을 비는 고사로 시작 · 광대가 줄을 타면서 ________ · 공연하는 사람과 ________

3) **판소리에 대한 설명으로 맞는 것을 고르십시오.** (　　)

❶ 판소리는 주로 서민들이 즐겼다.
❷ 판소리를 보는 청중들도 공연에 참여한다.
❸ 판소리를 하는 사람은 북을 치면서 노래한다.
❹ 판소리는 현재 12마당이 문화재로 지정되었다.

소리꾼
구연하다
희로애락
풍작
다산
광대
고사
맞장구를 치다

02 여러분 나라의 문화유산을 소개하는 글을 써 봅시다.

과제 3 읽고 말하기

01 다음은 석굴암과 불국사의 창건 설화입니다. 읽고 질문에 답하십시오.

경주 모량리에 사는 가난한 여인에게는 아들이 있었는데, 머리가 크고 이마가 성(城)처럼 평평하여 이름을 '대성'이라고 했다. 대성은 집이 가난해서 어느 부잣집에 가서 일을 해 주고 그 집에서 받은 밭을 경작하며 살았다. 어느 날 한 스님이 그 부잣집에 와서 시주를 받은 후에 이렇게 말했다. "이렇게 시주를 자주 하시니 부처님이 항상 지켜주실 것이며 하나를 시주하면 만 배를 얻게 될 것입니다." 이 말을 들은 대성은 어머니에게 가서 말했다. "낮에 만난 스님이 하나를 시주하면 만 배를 얻을 수 있다고 말씀하셨습니다. 그러니 우리도 밭을 시주하는 것이 어떻겠습니까? 그렇게 하지 않으면 다음 생에는 더욱 가난할까 봐 걱정입니다." 그리하여 밭을 시주했다. 그러고 얼마 되지 않아 대성이 죽었는데, 그날 밤 재상 김문량의 집에 "모량리의 대성이 그대의 집에 태어날 것이다."라는 이상한 소리가 하늘로부터 들려왔다. 그 소리를 듣고 김문량의 집안 사람들이 매우 놀라서 모량리에 가서 알아보니 정말 대성이 죽었고 죽은 시각이 하늘에서 소리가 들리던 바로 그 때였다. 그 일이 생긴 후 김문량의 아내가 아이를 낳았는데 그 아이의 손 안에 '대성'이라고 적힌 금패가 있었다. 그래서 이름을 대성이라고 하고 모량리의 어머니도 모셔와 함께 살았다.

청년이 된 대성은 어느날 토함산에서 사냥을 하다가 곰 한 마리를 잡았다. 그날 밤 꿈에 그 곰이 귀신으로 변해 대성에게 말했다. "너는 어찌하여 나를 죽였느냐. 내가 꼭 환생하여 너를 잡아먹을 것이다." 대성이 벌벌 떨면서 용서를 해 달라고 하니 귀신이 "그렇다면 나를 위하여 절을 지어 주겠느냐?"라고 하기에 대성이 그러겠다고 했다. 그 뒤로 대성은 사냥을 하지 않았고 곰을 잡았던 자리에 '장수사'라는 절을 세웠다. 이 일로 대성의 불심이 더 깊어졌다. 그래서 부모가 돌아가시자 절을 세워 명복을 비는 것이 최고의 효도라고 생각해 전생의 부모를 위해 석굴암을, 이생의 부모를 위해 불국사를 세웠다.

1) **대성이 석굴암과 불국사를 세운 이유는 무엇입니까?**

2) **'다시 태어나다'의 뜻을 가진 단어를 찾아 쓰십시오.**

3) **위 이야기의 내용에 맞게 다음을 순서대로 쓰십시오.**

❶ 대성이 부잣집에 태어나다.
❷ 대성이 밭을 시주하다.
❸ 대성이 죽다.
❹ 대성이 곰을 잡다.
❺ 대성이 장수사를 세우다.
❻ 대성이 석굴암과 불국사를 세우다.

(❷)→(　　)→(　　)→(　　)→(　　)→(　　)

02 여러분 나라의 문화유산과 관계있는 옛날이야기를 하나 찾아서 이야기해 봅시다.

평평하다
경작하다
시주
사냥
환생하다
불심
명복을 빌다
전생

문화

삼국유사

'삼국유사'에 나오는 '대성이 두 세상 부모에게 효도하다'라는 부분에 석굴암과 불국사의 창건에 관한 기록이 있다. '삼국유사'는 고려의 일연 스님이 고구려, 백제, 신라에서 전해 오는 이야기를 모아 쓴 역사서로 당시의 문학, 민속, 언어, 불교 등을 알 수 있는 귀중한 자료이다.

제 11 과 과학의 발전

- **학습 목표** 과학의 발전이 우리의 현재와 미래에 미치는 영향에 대해 이해하고 표현할 수 있다.
- **어휘** 수발, 말동무, 해저, 탐사, 앞다투다, 보고, 미개척지 / 첨단 과학 기술 관련 어휘
- **문법** -는다는 듯이, -기에 망정이지
- **과제** 동물 복제 연구에 대해 토론하기
  기억력에 대한 과학 강연을 듣고 기억력을 높일 수 있는 방법에 대해 말하기
  뇌 과학에 대한 글 읽고 글의 내용과 관련된 경험에 대해 쓰기

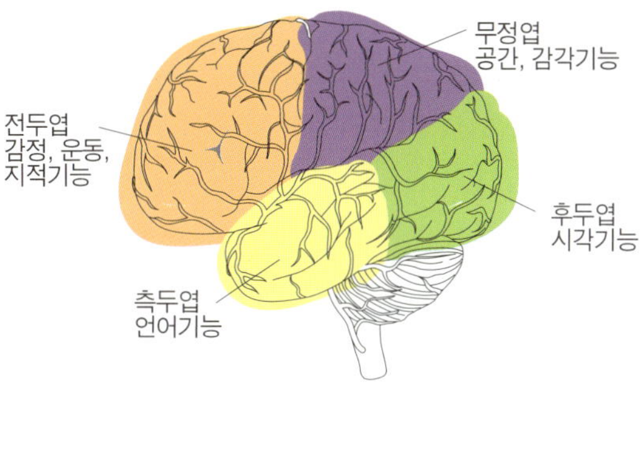

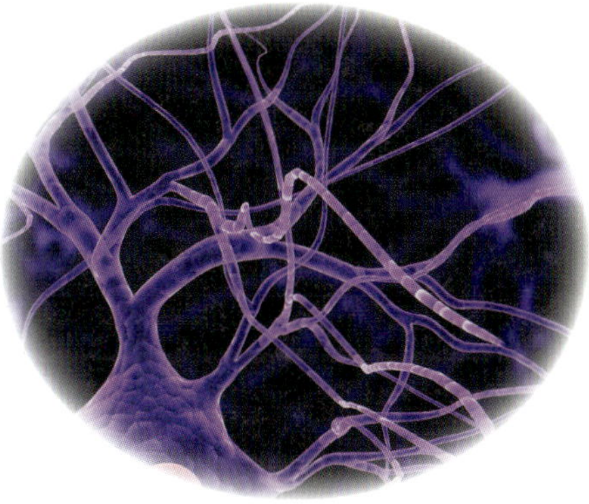

1. 지금까지의 과학 기술 중에서 우리 생활에 많은 영향을 준 것이 무엇이라고 생각합니까?
2. 앞으로 어떤 과학 분야가 많이 발전할 거라고 생각합니까?

CD 11-1, 2

유리	미래 과학 기술 박람회장에 오니 신기한 게 정말 많네.
민철	그렇지? 넌 아까 바쁘다는 듯이 먼저 나가더니 지금까지 어디에 있다가 온 거야?
유리	홈 로봇 전시관에 있었어. 가사 도우미 역할뿐만 아니라 노인 수발에다가 말동무 역할까지 할 수 있는 홈 로봇이 있다고 하길래 구경하러 갔었지. 그런 로봇이야말로 고령화 사회와 1인 가구 시대의 필수품이라고 할 수 있잖아.
민철	넌 벌써 노년의 삶에 대해서까지 생각하고 있구나. 난 여기 있는 우주와 해저 탐사용 로봇이 마음에 들어. 멋지지 않아?
유리	응, 난 해저 탐사용 로봇을 보니까 예전에 읽었던 「해저 2만 리」라는 소설이 생각나네.
민철	오! 그런 책도 읽었어? 그런데 여기에 전시된 로봇들을 보니까 세계 여러 나라에서 앞다투어 탐사 로봇을 개발하고 있네.
유리	그러게. 우주와 해양이 미개척지일 뿐만 아니라 경제적으로 중요한 자원의 보고라서 그런가 봐.
민철	맞아. 그런데 저기 줄 서 있는 사람들 좀 봐. 우리가 빨리 왔기에 망정이지 사람이 많아서 제대로 구경 못할 뻔했어. 다른 전시관에도 얼른 가 보자.

※ 해저 2만 리: 1869년에 쥘 베른이 쓴 소설. 한 해양학자가 바다 괴물을 퇴치하기 위해 바다로 나갔다가 공교롭게도 괴물로 알았던 잠수함에 갇혀 지내면서 체험한 일들을 기록한 이야기이다. 이 소설이 발표되었을 때는 잠수함이 만들어지기 전이었다고 한다.

수발
발농부
해저
탐사
앞다투다
보고
미개척지

어휘 첨단 과학 기술

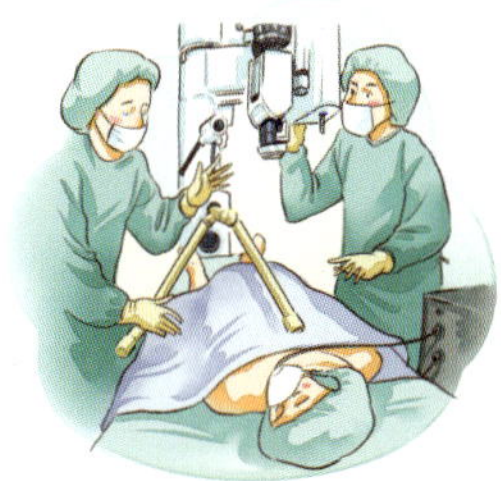
의료용 로봇(수술 로봇)

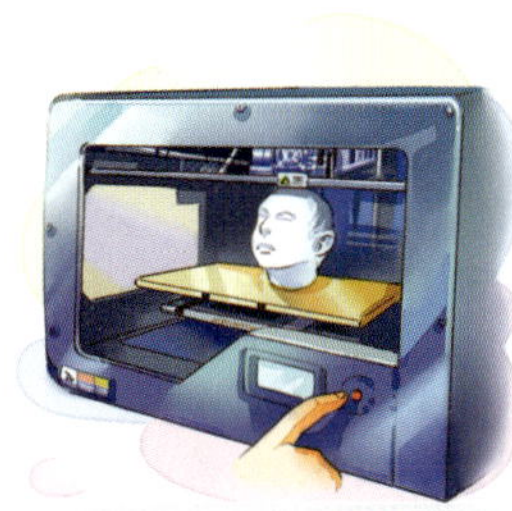
3차원 프린터(입체 프린터)

정사각형코드(QR코드)

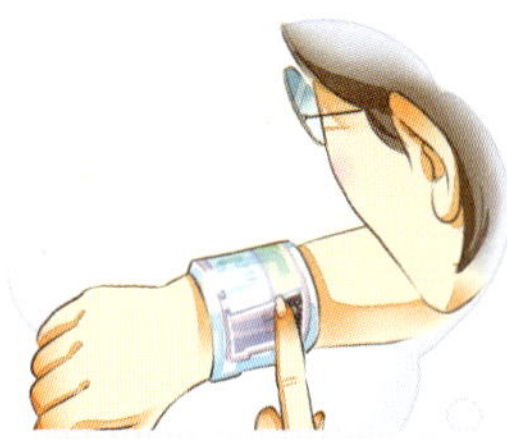
휘는 디스플레이(Flexible Display)

자동차 원격 조정

컴퓨터 원격 제어

빈 칸에 알맞은 말을 쓰십시오.

1) 운전자가 차를 직접 운전하지 않고도 ______________ 으로/로 차를 주차시키거나 주행할 수 있다.

2) 직접 서비스 센터에 방문하지 않고 ______________ 을/를 이용해서 집에서 컴퓨터에 생긴 문제를 해결할 수 있다.

3) ______________ 은/는 잘 깨지지 않고 얇은 데다가 가벼운 소재로 만들어졌기 때문에 다양한 형태의 전자제품 생산에 이용될 수 있다.

4) 스마트폰으로 ______________ 을/를 스캔하면 인터넷 주소나 전화번호, 사진, 동영상, 지도 등의 정보를 제공받을 수 있다.

5) ______________ 은/는 전용 카메라로 물체를 찍거나 설계도를 입력하면 플라스틱이나 금속 등으로 실제 모형을 만들어 준다. 그래서 각종 기업체와 연구소에서 시제품을 만드는 데에 활용되고 있다.

문법

1 -는다는 듯이

동사, 형용사 뒤에 써서 앞 문장의 내용처럼 행동함을 나타낸다. 따라서 뒤의 행동은 앞 문장의 내용을 짐작할 수 있을 만한 것이어야 한다.

자음으로 끝나는 동사의 어간 뒤에는 '-는다는 듯이', 모음으로 끝나는 동사의 어간 뒤에는 '-ㄴ다는 듯이', 형용사의 어간 뒤에는 '-다는 듯이'를 사용한다.

- 오랜만에 동창을 만났는데 내가 살이 너무 빠져서인지 나를 처음 본다는 듯이 쳐다봤어.
- 그건 별일 아니라는 듯이 넘기기에는 너무나 심각한 문제였다.
- 친구는 내 말에 관심 없다는 듯이 휴대폰만 보고 있어서 기분이 나빴다.
- 학생들이 분명히 이해했다는 듯이 고개를 끄덕였는데 왜 시험을 못 봤을까?

다음은 살인 사건에 대한 이야기입니다. 〈보기〉에서 알맞은 말을 골라 이야기를 완성하십시오.

보기

아무 일도 없다	불쌍하다	처음 듣다
모르다	아무 잘못이 없다	억울하다

한 주민이 자신의 집에서 숨진 채 발견됐다. 살인 사건이 또 발생한 것이다. 범인 박모씨는 같은 동네에 사는 이웃으로, 살인을 저지른 후에 1) 아무 일도 없었다는 듯이 평소처럼 회사에 출근했다. 그리고 회사 동료들이 그 사건에 대해서 이야기할 때 그는 2)__________ 는다는/ㄴ다는/다는 듯이 깜짝 놀랐고, 죽은 이웃 주민이 정말 3)__________ 는다는/ㄴ다는/다는 듯이 슬퍼하기도 했다. 경찰서에 가서 조사를 받을 때에는 자기는 아무것도 4)__________ 는다는/ㄴ다는/다는 듯이 대답했다. 경찰이 그 사람을 범인으로 의심하자 그 사람은 5)__________ 는다는/ㄴ다는/다는 듯이 화를 냈다. 경찰이 증거를 찾아서 범인에게 보여 줬지만 자기에게는 6)__________ 는다는/ㄴ다는/다는 듯이 강하게 부인했다.

2 -기에 망정이지

동사, 형용사 뒤에 써서 당황스럽고 난처한 일이 생겼지만 우연히 벌어진 다행스러운 상황 덕분에 큰 문제없이 그 상황에서 빠져 나왔음을 나타낸다. 뒤에 '-을 뻔했다'와 함께 쓰이는 경우가 많다.

- 우산을 가져왔기에 망정이지 비에 젖을 뻔했어.
- 전기 사용량이 줄었기에 망정이지 전력 공급에 문제가 생길 뻔했다.
- 쉬는 날이기에 망정이지 평일에 이렇게 아팠으면 결근해야 했을 거야.
- 지하 주차장이 밝기에 망정이지 어두우면 사고가 많이 날 거예요.

다음은 절도 사건에 대한 이야기입니다. 대화를 완성하십시오.

지영: 오전에 사무실에 도둑이 들어서 난리가 났었다면서? 넌 휴대폰만 없어졌던 거야?

민지: 1) 응, 지갑은 들고 외출했기에 망정이지 그렇지 않았다면 돈도 잃어버릴 뻔했어.

지영: 도둑이 훔친 휴대폰으로 통화하지는 않았어?

민지: 내가 휴대폰에 비밀번호를 설정해 놓아서 통화는 하지 못했어. 2) ________________기에 망정이지 안 그랬으면 통화료가 엄청나게 많이 나올 뻔했어.

지영: 그런데 그 도둑이 회사 바로 옆 건물에 있었다면서? 그건 어떻게 알았어?

민지: 휴대폰 위치 추적 앱을 깔아 놓았거든. 3) ________________기에 망정이지 그렇지 않았으면 도둑이 회사 옆 건물에 있었다는 걸 몰랐을 거야.

지영: 다행이다. 그래서 휴대폰은 어떻게 됐어? 그 도둑은 잡은 거야?

민지: 응. 도둑도 잡고 휴대폰도 되찾았어. 4) ________________기에 망정이지 그렇지 않았으면 휴대폰을 새로 사야 할 뻔했어.

지영: 어떻게 도둑을 잡았어? 도둑을 잡기가 쉽지는 않았을 것 같은데.

민지: 5) ________________기에 망정이지 ________________________.

지영: 감시 카메라에 찍힌 얼굴만 갖고 도둑을 잡은 거야? 자세히 얘기해 봐.

민지: 도둑이 탄 엘리베이터가 고장 나는 바람에 갇혀서 잡을 수 있었어. 6) ________________기에 망정이지 ________________.

과제 1 말하기

01 여러분은 동물 복제 연구에 대해 어떻게 생각합니까? 아래의 표에 그 이유를 적어 보십시오.

양(1996, 돌리)

돼지(2000)

개(2006, 스너피)

사람(?)

찬성	반대
• 멸종 위기에 놓인 동물들이 사라지지 않도록 할 수 있다. • 동물 유전자를 이용한 연구는 인간의 질병 치료에 도움이 될 수 있을 것이다. •	• 다른 종의 유전자가 혼합되어 태어난 동물은 미래의 생태계에 어떤 영향을 미치게 될지 알 수 없다. • 복제한 동물을 식품으로 이용하게 될 경우 어떤 문제가 생길지 알 수 없다. •

02 위의 표를 바탕으로 찬성이나 반대 입장을 정한 후 〈보기〉와 같이 토론해 봅시다.

보기

가: 저는 동물 복제가 멸종 위기에 놓인 동물이 이 세상에서 사라지지 않도록 할 수 있기 때문에 찬성합니다.

나: 저는 좀 다르게 생각합니다. 자연의 법칙에 따라 태어나지 않은 복제 동물은 장기적으로 자연과 생태계에서 문제를 일으킬 수 있다고 생각합니다.

과제 2 듣고 말하기

01 다음은 강연의 일부입니다. 듣고 질문에 답하십시오.

CD 11-3

1) **들은 내용은 무엇에 대한 강연입니까?** ( )

❶ 벼락치기와 건강 ❷ 벼락치기와 성취감
❸ 벼락치기의 경험 ❹ 벼락치기와 기억력

2) **벼락치기의 장점과 단점은 무엇인지 쓰십시오.**

▶장점: ____________________

▶단점: ____________________

3) **들은 내용과 같으면 ○, 다르면 × 하십시오.**

❶ 마감 증후군은 스트레스를 받은 뇌가 긴장해 깨어 있는 것이다. ( )
❷ 기억은 입력, 저장, 출력의 3단계로 이루어진다. ( )
❸ 장기 기억으로 저장되려면 뇌 전체가 오랫동안 자극을 받아야 한다. ( )

02 자신의 기억력이 어떤 상태인지에 대해서 이야기해 봅시다. 그리고 기억력을 높이기 위해 어떤 방법이 도움이 될 수 있는지 여러분의 경험을 이야기해 봅시다.

몰아치다
벼락치기
닥치다
임박하다
해치우다
짜릿하다
증후군
막판
분비되다
촉박하다

과제 3 읽고 쓰기

01 다음 글을 읽고 질문에 답하십시오.

대부분의 사람들은 고향에 가면 마음이 편안해지고 자신의 고향이 이 세상에서 가장 살기 좋은 곳이라고 생각한다. 왜 그럴까? 그 이유는 뇌의 발달과 관계가 있다. 뇌는 수많은 신경세포로 구성되어 있는데 이 신경세포들이 인간의 지능, 감성, 기억 등을 결정한다. 그러나 유전적으로 이렇게 많은 신경세포의 모든 위치와 구조를 똑같이 물려받기는 불가능하다. 그래서 뇌의 발달에는 주변 환경이 결정적인 역할을 하게 된다.

어린아이가 가지고 있는 신경세포의 수는 어른과 비슷하지만, 신경세포 사이의 연결은 제대로 완성되지 않은 상태다. 이것은 마치 큰 고속도로는 잘 정비되어 갖춰져 있지만 큰 고속도로에서 연결되는 작은 도시들은 주변에 있는 도로들과 다소 질서 없이 연결되어 있는 모습과 비슷하다. 고속도로에 해당하는 신경세포들 간의 기본적인 연결은 유전적으로 타고나지만 이 신경세포의 끝 부분은 주변에 있는 세포들과 정비되지 못한 모습으로 연결되어 있다. 이 중에는 적절하게 연결된 신경세포도 있고 연결되어서는 안 되는 신경세포도 있다. 이러한 신경세포의 연결이 적절하게 정리되는 것은 태어난 후 어느 일정 기간 동안인데 오리는 태어난 지 몇 시간이면 정리가 되지만 인간은 약 10년 정도가 걸린다. 이 시기를 결정적 시기라고 하며 이때 자주 사용되는 신경세포는 살아남고 사용되지 않는 신경세포는 사라진다.

이를 실험을 통해 증명한 것이 콘라트 로렌츠 교수의 오리 각인 실험이다. 그는 갓 태어난 오리들의 결정적 시기에 자신이 어미 역할을 해서 새끼 오리들이 평생 자신을 어미라고 생각하며 따르도록 했다. 즉, 오리를 통해 결정적 시기를 증명해낸 것이다. 그의 말에 의하면 결정적 시기의 뇌는 젖은 찰흙같이 유연하게 주변 환경의 영향을 받아 쉽게 모양이 바뀔 수 있으나 그 시기가 끝나면 찰흙이 굳어져 유연성을 잃게 되듯이 뇌도 같은 양상을 보인다고 했다. 그래서 한국 아이가 독일에서 자라면 완벽한 독일어, 영국 아이가 한국에서 자라면 완벽한 한국어를 구사할 수 있지만 유연하지 않은 신경세포로 가득 찬 어른의 뇌로는 외국어를 배우기가 쉽지 않은 것이다. 뇌는 덜 완성된 상태로 태어나 자기가 경험한 주변 상황에 가장 잘 맞게 완성된다. 고향을 편안하게 느끼는 건 어렸을 때 받아들였던 음식이나 소리, 풍경, 얼굴 등이 우리의 뇌를 완성시킨 요소였기 때문이다.

1) **위 글의 중심 내용은 무엇입니까?** ( )

❶ 뇌의 구조와 형태 ❷ 뇌의 발달과 환경
❸ 뇌와 인간의 지능 ❹ 뇌와 외국어 학습

2) **사람들이 자신의 고향을 가장 편안하게 느끼는 이유는 무엇이라고 합니까?**

3) **위 글의 내용과 같으면 ○, 다르면 × 하십시오.**

❶ 어린아이의 신경세포 수는 어른보다 적다. ( )
❷ 자주 사용되지 않는 신경세포는 사라진다. ( )
❸ 신경세포 간의 연결 모습을 고속도로를 예로 들어 설명했다. ( )

02 위 글에서 이야기하는 결정적인 시기에 대해서 어떻게 생각합니까? 여러분의 경험에 비추어 간단하게 써 보십시오.

신경세포
물려받다
정비되다
적절하다
어미
찰흙
유연하다
구사하다

제 12 과 한국인의 여가 생활

- **학습 목표** 여가를 보내는 다양한 방법들과 여가의 중요성에 대해 이해하고 표현할 수 있다.
- **어휘** 친구 따라 강남 간다, 자투리, 파김치가 되다, 죽치다, 웹툰, 방침 / 여가 활용 관련 어휘
- **문법** -기 나름이다, -을 줄만 알았지
- **과제** 자신이 희망하는 여가와 실제 자신의 여가 생활에 대해 말하기
  조선시대 사대부들의 여가에 대한 강의 듣고 현대인의 여가와 비교하여 말하기
  여가의 중요성에 대한 글 읽고 자신이 기분 좋은 상황에 대해 쓰기

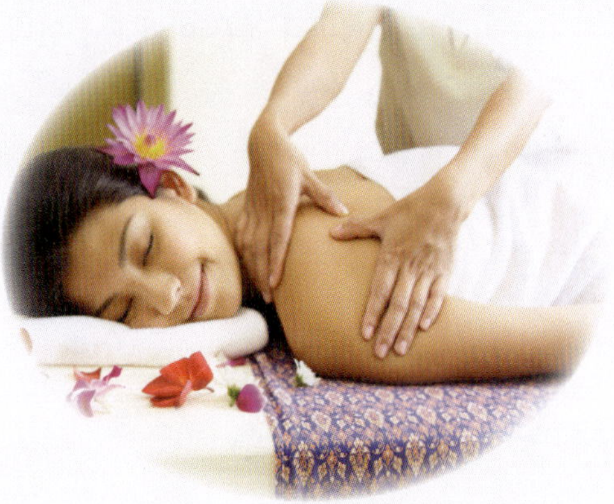

1 현대인들은 여가 시간을 어떻게 보내고 있습니까?

2 우리의 삶 속에서 여가가 필요한 이유는 무엇입니까?

CD 12-1, 2

샤오밍　혜정 씨, 얼마 전에 바리스타 자격증을 따셨다는 소식을 들었는데 나중에 커피숍 하나 내시려고요?

혜 정　아니요, 커피숍은 무슨. 그냥 바리스타 자격증만 따 놓았다뿐이지 무슨 구체적인 계획이 있는 건 아니에요. 친구 따라 강남 간다고 회사 동료들이 자투리 시간을 이용해서 이것저것 배우길래 저도 따라서 시작한 건데 어쩌다 보니 자격증까지 따게 됐네요.

샤오밍　대단하세요. 퇴근하면 파김치가 돼서 주말에 잠만 자기 십상인데 열심히 뭔가를 배우고 자격증까지 따시다니요.

혜 정　대단하긴요. 저도 예전엔 주말에 집에서 텔레비전 앞에 죽치고 앉아 있을 줄만 알았지 남는 시간에 뭘 해야겠다는 생각을 못 했었어요.

샤오밍　다 그렇지요, 뭐. 저도 시간이 나면 인터넷으로 웹툰을 보거나 게임을 하게 돼요.

혜 정　샤오밍 씨야말로 여가 시간을 알차게 보내신다고 들었는데요. 고아원에서 봉사 활동을 하신다면서요.

샤오밍　아, 그거요? 그건 기업의 사회적 책임을 강조하는 회사 방침 때문에 전 사원들이 의무적으로 하는 거예요. 좋은 일을 하니 기분이 좋기는 한데 여가를 잘 활용한다는 느낌은 없어요.

혜 정　그랬군요. 그건 샤오밍 씨가 생각하기 나름이에요. 그런 봉사 활동도 얼마나 좋은 여가 활동인데요.

친구 따라 강남 간다
자투리
파김치가 되다
죽치다
웹툰
방침

어휘 여가 활용

시간을 투자하다	어떤 일에 시간을 쓰다.
시간을 내다	어떤 일을 할 수 있는 시간을 만들다.
재충전하다	앞으로 살아갈 새로운 힘을 얻기 위해 시간을 보내다.
삶의 활력소를 얻다	살아갈 힘을 가지게 되다.
활력/활기를 되찾다	잃었던 삶의 힘을 다시 가지게 되다.
기분 전환을 하다	일상에서 벗어나 기분이 좋아질 만한 다른 일을 하다.

빈 칸에 알맞은 말을 쓰십시오.

바쁜 일상으로 지친 여러분! 몸과 마음을 1)_______________을/ㄹ 장소가 필요하시다면 저희 서울 리조트로 오십시오. 숨 가쁜 일상에서 벗어나 편안한 마음으로 여가를 즐기실 수 있도록 최선을 다해 모시겠습니다. 저희 리조트에서 제공하는 각종 서비스를 이용하시면 잃었던 2)_______________을/를 되찾으실 수 있습니다.

서울에서 30분 거리에 있기 때문에 따로 시간을 3)_______________어서/아서/여서 여행을 떠나기 어려운 분들도 부담 없이 이용하실 수 있습니다. 여러분이 삶의 4)_______________을/를 얻을 수 있도록 정성을 다해 모시겠습니다.

문법

1 -기 나름이다

동사 뒤에 써서 어떻게 하느냐에 따라 일이나 행위의 결과가 달라짐을 나타낸다.

- 행복은 마음먹기 나름이다.
- 공부를 얼마나 잘 하느냐는 자기가 노력하기 나름이야.
- 값이 비싸다고 해서 다 질이 좋은 물건은 아니에요. 가격은 판매자가 정하기 나름이니까요.
- 모든 일은 생각하기 나름이에요. 좋게 생각하면 좋은 것이고 나쁘게 생각하면 나쁜 거예요.

다음은 민지의 생활에 대해 친구가 조언하고 있는 상황입니다. 〈보기〉에서 알맞은 말을 골라 대화를 완성하십시오.

보기

생각하다　　관리하다　　해석하다　　노력하다　　가꾸다　　하다

민지: 요즘 들어 남편의 잔소리가 부쩍 늘어서 괴로워.

세희: 1) 잔소리는 해석하기 나름이지. 잔소리가 듣기는 싫겠지만 다 맞는 말 아니니? 그리고 정말 듣기 싫다면 2) 남편은 아내가 ________기 나름이라고 하니까 남편 마음에 들게 행동해 봐.

민지: 그런가? 그런데 아이들도 문제야. 내가 아이들한테 너무 신경을 못 써서 그런지 애들이 공부를 너무 못해.

세희: 그래? 3) 공부는 자기가 ________기 나름이잖아.

민지: 그래도 부모가 신경을 써 줘야 하는데 요즘 너무 바빠서 아이들 교육 문제에 신경을 쓸 겨를이 없어.

세희: 시간이 없다고? 4) 시간은 ________기 나름이야.

민지: 하긴. 그 말이 맞네. 그건 그렇고 요즘 주름살이 꽤 는 것 같아.

세희: 5) 피부는 ________기 나름이야.

민지: 나는 아내로서, 엄마로서 문제가 너무 많은 거 같아.

세희: 너 정도면 괜찮아. 6) 그런 건 다 ________기 나름이야.

2 -을 줄만 알았지

'-을 줄'은 어떤 방법이나 사실을 나타내는데 주로 '-을 줄 알다/모르다'의 구성으로 쓴다. 여기에서는 상반되는 상황을 대조적으로 이어주는 '-지'와 결합하여, '-을 줄만 알았지 -을 줄은 모른다(-지는 않는다)'의 형태로 쓰인다. 동사 뒤에 '-을 줄'을 써서 앞의 행동만 하고 뒤의 행동은 하지 않음을 나타내는데 이때 뒤의 행동을 하지 않음을 강조한다.

자음으로 끝나는 동사의 어간 뒤에는 '-을 줄만 알았지', 모음으로 끝나는 동사의 어간 뒤에는 '-ㄹ 줄만 알았지'를 사용한다.

- 늘 대접 받을 줄만 알았지 베풀 줄은 모르는 상사는 인기가 없다.
- 영수는 남에게 일을 시킬 줄만 알았지 자기는 아무것도 할 줄 몰라요.
- 오빠는 집안을 어지를 줄만 알았지 치우지는 않아.
- 정희는 항상 다른 사람의 단점을 지적할 줄만 알았지 장점을 볼 줄은 모르더라.

두 사람이 드라마에 나오는 아버지에 대해서 이야기하고 있습니다. 대화를 완성하십시오.

민지: 그 드라마에 나오는 아버지는 왜 그러는지 몰라.

정수: 왜? 어떤데?

민지: 1) 그 아버지는 평생 돈을 벌 줄만 알았지 쓸 줄은 모르는 사람이더라고.

정수: 그 드라마의 배경이 70년대잖아. 그때만 해도 그런 아버지가 많았지.

민지: 그뿐만이 아니야. 2)언제나 가족들한테 시킬 줄만 알았지 ____________.
물도 안 갖다가 먹더라고. 게다가 3)차려 주는 밥을 먹을 줄만 알았지 ____________.

정수: 같이 사는 부인이 고생스럽겠네. 그런데 그런 사람들이 보통 대화할 때도
4) ____________을/ㄹ 줄만 알았지 다른 사람의 이야기에 귀를 기울이지 않지?

민지: 응, 맞아. 그리고 5)자식들이 잘못하면 나무랄 줄만 알았지 ____________. 그런데 사실
우리 아버지도 우리한테 칭찬을 많이 해 주시는 편은 아닌 것 같아.

정수: 생각해 보니 우리 아버지도 마찬가지시네. 6) ____________을/ㄹ 줄만 알았지
____________________.

과제 1 말하기

01 다음은 서울 시민들의 여가 생활에 대해 조사한 결과입니다. 그래프를 보고 이야기해 봅시다.

희망 여가 활동과 실제 여가 활용(중복응답)

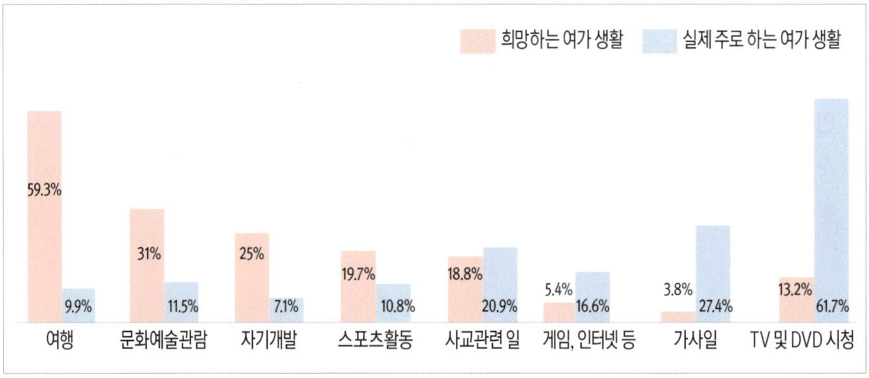

02 여러분이 희망하는 여가 활동은 무엇입니까? 그리고 여러분이 실제로 하고 있는 여가 활동은 무엇입니까? 이야기해 보십시오.

과제 2 듣고 말하기

01 다음은 강의의 일부입니다. 듣고 질문에 답하십시오.

CD 12-3

1) **이 강의는 무엇에 대한 내용입니까?** (   )

❶ 조선시대 사대부들의 그림　　❷ 조선시대 사대부들의 일생
❸ 조선시대 사대부들의 여가　　❹ 조선시대 사대부들의 의상

2) **강의에서 그림을 소개한 순서대로 번호를 쓰십시오.**

________ → ________ → ________

❶

❷

❸

3) **다음에서 각 그림에 알맞은 작품명과 화가를 골라 아래 표에 써 넣으십시오.**

① 쌍륙삼매	② 임하투호	③ 독서여가도
① 정선	② 신윤복	③ 김홍도

그림을 소개한 순서	작품명	화가
첫 번째 소개한 그림		
두 번째 소개한 그림		
세 번째 소개한 그림		

02 위 그림 속의 여가 생활 중에서 여러분이 즐기고 싶은 것은 무엇입니까?
조상들의 여가 생활과 현대인의 여가 생활을 비교하여 이야기해 보십시오.

사대부
산수화
비스듬하다
흐트러지다
강건하다
기녀
뒷짐

문화

조선시대의 화가

겸재 정선(1676~1759)은 조선시대 선비 화가로 진경산수화라는 조선 고유의 화풍을 개척했다. 혜원 신윤복(1758~?)은 김홍도, 김득신과 더불어 조선시대 3대 풍속화가로 불린다. 신윤복은 양반층의 풍류와 남녀 간의 연애, 기녀와 기방의 세계를 주로 그렸다. 원색을 즐겨 사용하였으며 치밀한 주변 배경 묘사로 주제를 부각시켰다. 단원 김홍도(1745~?)는 당대 최고의 화가로 특히 산수화와 풍속화에서 뛰어난 작품을 남겼다. 김홍도는 소박함과 익살이 담긴 서민들의 일상생활을 자주 그렸는데 주제를 살리기 위해 채색도 최소화한 그림이 많다.

과제 3 읽고 쓰기

01 다음 글을 읽고 질문에 답하십시오.

여가라고 하면 자유, 일상으로부터의 탈출, 쉼, 즐거움, 놀이, 재미를 연상하게 되는데 10년 전만 해도 한국인에게는 무의식 중에 노는 것에 대한 죄의식이 깔려 있었다. 한국에서 '놀다'는 '노는 애들', '놀고 있네' 등과 같이 부정적인 표현에 많이 쓰인다. 노는 것에 대한 인식이 긍정적이지 않음을 보여 주는 예이다. 그러므로 사람들이 마음 편안하게 노는 게 쉽지 않고 노는 것에 대해 죄의식까지도 가지게 되는 것이다. 노는 것에 대해 비판적인 것은 사실 한국만이 아니다. 우리가 어릴 때부터 듣게 되는 '개미와 베짱이' 같은 우화에서는 '성실함'의 대명사인 개미와는 달리 게으름만 부리던 '노는 인물'의 대표 주자인 베짱이는 결국 놀다가 불행해진다.

하지만 놀 줄 알아야 인생의 다양한 '재미'를 찾을 수 있다. 재미있게 사는 사람들은 새로운 것을 추구하기 때문에 창의적인데 창의성은 문화를 생산해 내는 원동력이 된다. 즉, 문화는 '놀이'에서 시작된다. 한국에서 이런 놀이 문화에 대한 인식이 싹튼 건 최근 10년 사이의 일이다. 불과 50~60년 만에 눈부신 경제 성장을 이룬 한국은 일 잘하기로는 어느 누구에게도 뒤처지지 않으나 '일하는 시간' 이외의 시간을 어떻게 잘 보내야 하는지에 대해서는 답을 가지고 있지 못하다. 사람들 사이에 여가의 가치 및 중요성에 대한 인식이 확산되고 있지만 여가를 어떻게 활용해야 하는지에 대한 교육은 전무후무한 실정이기 때문이다.

결과적으로 재미를 아는 사람이 인생을 성공적으로 산다고 볼 수 있는 시대이다. 한국 '여가학'의 선구자인 김지훈 교수는 이 '재미'에 대해 강조하는 대표적인 인물 중 한 사람이다. 뛰는 놈 위에 나는 놈이 있듯이 '나는 놈 위에 노는 놈 있다'고 주장하는 그는 정말 자신의 인생을 재미있게 살려고 노력하는 것이 중요하며 소소한 것에서 자기가 만족할 수 있는 것을 찾도록 해야 한다고 역설한다. 롤러코스터를 타거나 번지점프를 하면서 스트레스를 풀며 짜릿함을 느끼는 그런 재미보다 좀 더 일상생활 속에서 지속성을 갖고 느낄 수 있는 재미를 강조한다. 어떻게 해야 하는지 방법을 모르겠다면 먼저 자신이 기분 좋은 상황을 하나하나 적어 보는 것부터 시작하라고 조언한다. 그리고 그런 일을 찾은 후에는 여가 시간을 어떻게 재미있게 보낼지에 대한 여가 시간 경영도 해야 한다고 말한다.

1) 위 글의 중심 내용은 무엇입니까? ( )

❶ 여가와 무의식
❷ 여가의 중요성
❸ 문화와 죄의식
❹ 문화의 중요성

2) 한국의 놀이 문화에 대한 인식이 어떻게 변했습니까?

과거 : ______________ ➡ 현재 : ______________

3) 위 글의 내용과 같으면 ○, 다르면 × 하십시오.

❶ 한국에서 '놀다'라는 단어는 부정적인 이미지를 담고 있었다. ( )
❷ 여가 활용에 대한 교육이 시작된 것은 10년 전부터이다. ( )
❸ 재미있게 사는 사람은 창의적이다. ( )

02 여러분이 기분 좋은 상황을 적어 본 후 그 상황을 만들기 위해서 어떻게 할 수 있을지 구체적인 방법을 써 보십시오.

-
-
-

연상하다
베짱이
우화
대명사
싹트다
전무후무
소소하다
역설하다

제13과 기업과 사회

- **학습 목표** 기업이 사회를 위해 할 수 있는 일에 대해 이해하고 표현할 수 있다.
- **어휘** 영리, 취약계층, 미혼모, 창업, 애를 먹다, 홍보, 주력 상품 / 기업의 사회공헌 관련 어휘
- **문법** -다시피 하다, -을 법하다
- **과제** 뉴스 제목 보고 말하기
자본주의와 대기업에 대한 토론 듣고 그에 대해 토론하기
기사를 읽고 자신의 생각 쓰기

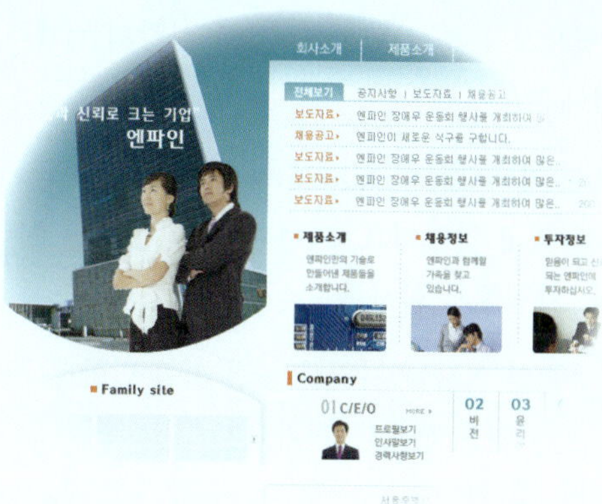

1. 기업들의 사회공헌활동으로는 어떤 것들이 있을까요?
2. 여러분 나라의 기업들은 어떤 사회공헌활동을 하고 있습니까?

CD 13-1, 2

마이클 혜정 씨, 요즘 왜 이렇게 얼굴 보기 힘들어요? 삼미그룹 특집 기사 때문에 회사에서 살다시피 한다는 얘긴 들었어요.

혜 정 네, 지금도 취재차 삼미그룹에 다녀오는 길이에요. 기업의 사회공헌이라는 주제로 특집 기사를 내려고요. 삼미그룹이 이번에 '사랑의 컵케이크'라는 사회적 기업을 지원하기로 했거든요.

마이클 사회적 기업이요? 그게 뭐예요? 그런 회사가 있다는 얘기는 금시초문인데요.

혜 정 저도 이번에 취재를 하면서 알게 됐어요. 영리를 목적으로 하는 일반 기업과 달리 공익실현을 우선으로 하는 회사예요. 취약 계층에게 일자리를 제공하고 수익의 일부를 사회에 재투자하고요.

마이클 그렇군요. 그런데 삼미그룹은 제빵으로 유명한 회사잖아요? '사랑의 컵케이크'하고는 무슨 관계가 있는 거예요?

혜 정 아, 컵케이크를 만드는 기술을 가진 미혼모들이 회사를 차릴 때 창업 자금도 모자라고 인력도 부족해서 애를 먹고 있었어요. 그런데 그 사정을 듣고 비슷한 업종의 삼미그룹이 자금을 지원해서 회사를 만들 수 있었어요.

마이클 아 그렇군요. 그런데 보통, 같은 업종의 회사를 지원하는 건 피할 법한데 삼미그룹은 그 반대네요. 홍보가 될 거라고 생각한 건가요?

혜 정 네, 홍보 효과도 있겠지만 사회적 공헌을 위해서 삼미그룹이 그런 결정을 한 거라고 봐요. 어차피 주력 상품이 달라서 서로에게 피해를 줄 일은 없을 테니까요.

영리
취약 계층
미혼모
창업
애를 먹다
홍보
주력 상품

어휘 기업의 사회공헌

윤리경영	기업을 경영할 때 윤리적인 것을 우선적으로 고려하는 것
환경경영	기업을 경영할 때 환경을 우선시하는 것
공정무역	경제적으로 격차가 큰 나라 간의 무역에 있어서 동등한 조건과 가격으로 이루어지는 것
사회환원	사회로부터 얻은 이익이나 재산을 사회에 되돌려 주는 것
사회공헌	여러 활동을 통해 사회에 도움이 되는 일을 하고자 하는 것
사회복지사업	생활이 곤란한 사람들을 위한 사회활동
공익실현	어떤 일을 할 때 사회 전체의 이익을 고려하여 실천하는 것
부의 재분배	연금이나 사회보험, 의료보험, 조세 등을 통해 소득이 공평하게 다시 나뉘는 것

빈 칸에 알맞은 말을 쓰십시오.

기업의 목표는 이윤추구이다. 그러나 지금은 단지 이윤추구에만 급급해선 존경받는 기업이 될 수 없다. 그래서 기업들은 저마다 도덕적으로 투명하고 책임있게 기업을 경영한다는 1) ______ 과/와 자연을 보호하고 환경오염을 예방한다는 2) ______ 을/를 기업의 경영 방침으로 내세우고 있다. 또한 제품을 팔아 얻은 이익을 사회를 위해 다시 재투자하거나 되돌려주는 3) ______ 과/와 저소득층을 위한 월동 난방비 지원이나 장학금 지원 등 각종 4) ______ 을/를 통해 사회의 이익을 위한 5) ______ 에 힘쓰고 있다. 이러한 기업의 노력으로 우리 사회는 연금제도나 의료보험, 조세 등을 통해 6) ______ 을/를 이룬다.

문법

1 -다시피 하다

동사 뒤에 써서 실제로 그 동작을 하는 것은 아니지만 그 동작에 가깝게 함을 나타낸다.

- 요즘 시험공부를 하느라고 며칠 도서관에서 살다시피 하다가 병이 났어요.
- 눈길이 미끄러워서 차들이 기어가다시피 하고 있어요.
- 저는 그 단골 가게에 얼마나 자주 갔는지 거의 출근하다시피 했어요.
- 어제 보고서를 쓰느라고 30분밖에 못 자고 거의 밤을 새우다시피 했어요.

다음은 맞벌이를 하는 두 여자의 대화입니다. 〈보기〉에서 알맞은 말을 골라 대화를 완성하십시오.

보기		
주말마다 하다	밤을 새우다	집을 새로 짓다
아이를 키우다	하루 종일 굶다	우리 집에서 살다

수미: 결혼하고 나니 집안일 하랴 회사일 하랴 바쁘지?

민지: 응. 오늘도 너무 바빠서 1) 하루 종일 굶다시피 했어.

수미: 그런데 계속 하품을 하는 걸 보니까 어제 잘 못 잔 모양이구나.

민지: 어제 밤에 남편을 기다리느라고 2) ____________ 다시피 했거든.

수미: 참, 신혼집을 싸게 샀다면서? 부럽다.

민지: 부러워할 거 없어. 싼 집을 샀더니 너무 수리를 많이 해서 3) ____________ 다시피 했어. 돈도 많이 들었고.

수미: 아, 이번 주 토요일에도 집들이라고 했지? 왜 그렇게 집들이를 자주 해?

민지: 말도 마. 결혼한 지 한 달 됐는데 벌써 3번이나 했어. 집들이를 거의 4) ____________ 다시피 했어.

수미: 그래도 넌 친정어머니께서 가까이 사셔서 많이 도와주시잖아.

민지: 맞아. 엄마께는 죄송하지만 어쩔 수 없지 뭐. 엄마가 5) ____________ 다시피 하셔.

수미: 나는 더 해. 우리 엄마가 주중에 우리 아이를 내내 봐 주시잖아. 나는 주말에만 아이를 볼 뿐이고 말이야. 6)엄마가 ____________ 다시피 하셔.

2 -을 법하다

동사 뒤에 써서 어떤 상황이 일어날 만한 가능성이 많음, 혹은 그렇게 되는 것이 마땅함을 나타낸다.

자음으로 끝나는 동사의 어간 뒤에는 '-을 법하다', 모음으로 끝나는 동사의 어간 뒤에는 '-ㄹ 법하다'를 사용한다.

- 그렇게 부당한 일을 당했으면 고소를 할 법도 한데 그냥 넘어가는군요.
- 보통 사람이라면 화를 낼 법한 일이지만 그 사람은 침착하게 대처했다.
- 국제 유가가 하락했으니 기름 값이 내릴 법도 한데 왜 그대로인 걸까?
- 그런 불가피한 상황에서는 충분히 있을 법한 일이에요.

다음은 어느 회사 직원들의 대화입니다. 대화를 완성하십시오.

영호: 우리 회장님이 이번에 '모범 경영인 상'을 수상하셔서 여기저기에서 인터뷰 요청을 받으신다면서요?

철수: 네. 그런데 다 거절하셨대요. 그렇게 큰 상을 받으셨으니 1) 언론의 인터뷰에 응할 법도 한데 말이에요.

영호: 그리고 사후에 재산을 모두 사회에 환원 하신다던데 정말인가요?

철수: 정말이에요. 자식들이 있으니 2) ____________ 을/ㄹ 법한데 역시 회장님은 보통 사람과 다른 분이세요.

영호: 하긴 회장님의 평소 생활도 다른 사람들하고 많이 다르지요. 그렇게 돈이 많으니 3) ____________ 을/ㄹ 법한데 전에 집에 가봤더니 생각보다 작은 집에 사시더라고요.

철수: 회사에서는 또 어떻고요. 바쁘신 회장님이시니 4) ____________ 을/ㄹ 법한데 아르바이트 직원의 건강까지 다 신경을 써 주시던데요.

영호: 그리고 출근시간도 그래요. 5) ____________ 을/ㄹ 법한데 언제나 직원들보다 먼저 출근하시거든요.

철수: 아무튼 우리 회장님 대단하세요. 그나저나 올해 연세가 팔순이 넘으셨으니 6) ____________ 을/ㄹ 법한데 아직도 열정적으로 일하시는 걸 보면 우리 젊은 사람들도 힘을 내야 할 것 같아요.

과제 1 말하기

01 다음은 한 대기업의 공익광고입니다. 무엇에 대한 내용인지 말해 봅시다.

아이들에게 과학을 돌려주자.

옛날엔 많은 아이들이 과학자를 꿈꿨었죠.

그런데 언제부터 아이들이 같은 꿈만 꾸게 된 걸까요?

아이돌도 필요하지만 우리에겐 과학자가 더 많이 있어야 합니다.

나라의 기초는 과학이기 때문이지요.

그래서 대한자동차가 노벨프로젝트로 과학의 꿈을 다시 키웁니다.

02 다음의 대기업들은 사회를 위해 어떤 공헌 활동을 할 수 있을까요? 신문기사 제목을 보고 〈보기〉와 같이 이야기해 봅시다.

○○ 일보

- 대한 자동차, 미래의 과학자 키우는 '노벨프로젝트' 실시
- 진한전자, 스마트폰 1대 팔릴 때마다 기부금 적립
- 아몰리에화장품, 여성 암환자에게 아름다움을 - 화장법 전수
- 글로리아피아노, 도서지역 초등학교에 피아노 지원 및 정기 음악회 공연
- 한성가구, 독거노인, 난치병 환자를 위한 무상 가구 교체 실시
- 유성제지, 1직원 1그루 나무 심기 운동
- 대아항공, 아프리카 어린이에게 원조물품 무료 공수
- 삼진식품, 노숙자에게 따뜻한 점심을

보기

대한자동차의 노벨프로젝트

자동차 만드는 기술을 보유한 대한자동차는 미래 사회의 주인공인 아이들에게 과학의 중요성을 가르치는 일을 하는 것 같습니다. 요즘 아이들은 과학자보다 돈을 버는 직업을 갖거나 유명해지는 것을 꿈꾸는 경우가 많은 것 같은데 대한자동차의 이러한 프로젝트는 한국의 과학 발전에도 큰 공헌을 하리라 생각합니다. 이공계 기피 현상으로 점점 과학 발전이 후퇴할지도 모르는 한국 사회에 꼭 필요한 투자라고 봅니다. 그리고 이러한 투자는 개인 차원에서 하기 힘든 만큼 한국자동차와 같은 대기업이 해야 할 일이라고 생각합니다.

과제 2 듣고 말하기

01

다음 토론을 듣고 질문에 답하시오.

CD 13-3

1) 들은 내용은 무엇에 대한 토론입니까? ( )

❶ 대기업의 골목상권 침해
❷ 대기업의 세력을 약화시키는 방법
❸ 한국과 유럽의 대기업 규제법의 차이
❹ 골목상권과 중소기업을 위한 특별법 제정

2) 들은 내용을 다음 표에 정리해 보십시오.

대기업의 경영 방침에 대한 의견	
부정적 입장	긍정적입장
• 소시민들의 입장은 생각하지 않는다. • •	• 대기업들은 품질 향상에 투자해 질좋은 상품을 만든다. • •

3) 들은 내용과 같으면 O, 다르면 X 하십시오.

❶ 토론자들은 대기업의 경영에 대해 반대하는 사람들이다. ( )
❷ 한국에서는 대형마트를 신설할 때 사전 허가 없이 나중에 등록을 하면 된다. ( )
❸ 이 토론을 듣고 있는 사람들도 토론에 참여 할 수 있다. ( )

02

대기업이 운영하는 대형 마트가 동네 상권을 침해한다고 생각하십니까? 아니면 소비자의 권리를 위한 편의 시설이라고 생각하십니까? 친구들과 팀을 나누어 토론해 봅시다.

골목상권
침해
횡포
직결되다
자극되다
규제하다
간섭하다
팽팽하다

과제 3 읽고 쓰기

01 다음 기사를 읽고 질문에 답하십시오.

매달 사회 소외계층에 자선을 베푸는 기업이 있어 화제이다. 한국전자는 전국 각 지역의 소외계층에게 식료품 및 생필품을 직접 전달하는 '희망상자' 봉사 활동을 펼치고 있다. 희망상자에는 쌀과 반찬류 등의 식품과 휴지, 샴푸, 수건 등 생필품이 들어가 있다. 이 상자는 지금까지 1만 6160가구에 배달됐다. 희망과 응원의 메시지를 적은 희망엽서도 함께 동봉된 이 상자의 제작과 포장, 방문에는 임직원과 그 가족들이 직접 참여한다. 지난해 4월부터 진행된 이 봉사활동에 참가한 한국전자 임직원과 가족은 7300여 명에 이른다.

희망상자 봉사활동에 참여한 한국전자 관계자는 "임직원과 그 가족들이 함께 지역사회의 어려운 이웃을 찾아가 고객과 국민으로부터 받은 사랑과 성원을 희망상자로 되돌려 드리게 돼 기분이 좋다. 앞으로 계속 이러한 나눔 활동을 할 예정"이라고 말했다.

그리고 해마다 겨울이 되면 여의동 한국전자 본점에서는 겨울 나눔 생활용품 전달식이 열린다. 겨울이불부터 베개, 방한조끼, 수면바지 등의 생활용품을 2000세트로 나눠 포장한 뒤 한국사회복지관협회를 통해 홀로 사는 전국의 노인들에게 전달한다. 또한 지난 11월에는 '사랑의 연탄 나눔', '사랑의 김장 나눔' 등의 행사를 진행하여 소년소녀가장과 독거노인, 영세 모자가정 등 소외계층에 연탄과 김장을 전달하기도 했다.

이진호 사장은 "소외된 이웃을 위한 나눔 활동에 참여하게 돼 기쁘다"며 "앞으로도 직원들과 함께 우리 이웃들에게 먼저 다가가는 따뜻한 나눔을 계속해 나가겠다"고 말했다. 한국전자의 이같은 봉사활동은 사회공헌활동의 일환이다. 기업 이윤의 사회 환원과 사회공헌활동은 시대적 요청이다. 최근의 사회공헌활동은 시혜적 차원이 아닌 경영의 중요한 축으로 자리를 잡아가고 있다. 사회공헌활동을 열심히 하는 기업은 경영 성과도 우수하다는 연구결과도 있다. 기업들의 이러한 진정성이 담긴 사회공헌활동은 사회와 상생하려는 노력의 하나로 볼 수 있다. 그리고 이러한 노력으로 기업과 사회가 서로 윈윈하는 결과를 얻게 됐다는 평가를 받고 있다.

1) **이 기사의 제목으로 가장 적당한 것을 고르십시오.** (　　)

❶ 한국전자, 사회공헌활동으로 기업 이윤 증가
❷ 한국전자, 임직원과 가족들 봉사활동에 참여
❸ 한국전자, 다양한 봉사활동으로 사회공헌 실천
❹ 한국전자, '희망상자' 배달로 소외계층 외로움 달래

2) **위 글에 나온 봉사활동을 다음 표에 정리해 보십시오.**

봉사활동 이름	전달 물품	전달 대상
희망상자		
겨울 나눔 생활용품 전달식		홀로 사는 전국의 노인
사랑의 연탄 나눔	연탄	
사랑의 김장 나눔		

3) **다음 중 위 글의 내용과 다른 것을 고르십시오.** (　　)

❶ 한국전자의 봉사활동은 직원들이 직접 참여하고 있다.
❷ 한국전자는 1년에 한 번 '희망상자' 봉사활동을 하고 있다.
❸ 기업의 사회공헌활동은 기업과 사회 모두에게 이익이 된다.
❹ 사회공헌활동을 하는 기업은 경영성과도 좋다는 결과가 있다.

02 여러분이 이 회사에 근무한다면 어떤 봉사활동에 참가하겠습니까? 그 봉사활동을 하고 싶은 이유를 써 보십시오.

소외계층
자선
방한조끼
영세
시혜적
상생

제 14 과 꿈을 이룬 사람

- **학습 목표** 여러 인물의 삶을 이해하고 표현할 수 있다.
- **어휘** 공백기, 태연하다, 표가 나다, 두 마리 토끼를 잡다, 기여하다, 집착하다, 고진감래 / 도전, 성공 관련 어휘
- **문법** -는 한, -되
- **과제** 존경하거나 닮고 싶은 인물에 대해 발표하기
외국에서 성공한 한국인 소개 듣고 성공한 삶에 대한 글 쓰기
선교사 헐버트의 삶에 대해 읽고 한국의 인물 조사하여 말하기

1. 여러분은 어떤 인생을 살고 싶습니까?
2. 존경하는 인물이 있습니까?

CD 14-1, 2

기 자 김현아 선수, 이번 동계올림픽 대회가 은퇴 무대였는데요. 금메달이 확정되었을 때 소감을 좀 말씀해 주세요.

김현아 제 이름이 호명되는 순간 그동안의 저의 고민과 부담감, 힘들고 행복했던 기억들이 한꺼번에 떠올라서 눈물을 참을 수가 없었어요. 그리고 만족스러운 무대를 펼치고 정상의 자리에서 떠날 수 있어서 정말 행복했어요.

기 자 이번 올림픽까지 꽤 긴 공백기가 있어서 출전을 결정하기가 쉽지 않았을 것 같은데요. 지난 올림픽에서 금메달을 땄기 때문에 부담감도 더 심했을 것 같고요.

김현아 저 굉장히 태연한 척 했는데 표가 났었나요? 하하. 처음 출전을 결정했을 때의 부담감은 말로 표현할 수 없을 정도였어요. 그런데 목표를 금메달이 아닌 제가 만족할 수 있는 무대로 정하고 나니 마음이 편해졌어요.

기 자 네. 만족스러운 경기와 금메달, 두 마리 토끼를 다 잡으셨군요. 후배들에게도 좋은 귀감이 되었을 거예요. 앞으로의 계획은 어떤 것이 있을까요?

김현아 국제 올림픽 위원에 도전해서 세계 스포츠 발전에 기여하고 싶어요. 그게 저를 사랑해 주신 모든 분들께 조금이나마 보답하는 길이라고 생각해요.

기 자 김현아 씨 같은 선수가 있는 한 한국 스포츠의 미래는 밝게 빛날 것 같습니다. 마지막으로 후배 선수들에게 해 주고 싶은 말이 있다면요?

김현아 꿈을 크게 가지되 욕심을 부리거나 결과에 집착하지 말라고 말해 주고 싶어요. '고진감래'라는 말이 있잖아요. 훈련이 어렵고 포기하고 싶은 순간도 있겠지만 그 땀방울이 하나하나 모여서 빛나는 결과로 돌아올 겁니다.

공백기
태연하다
표가 나다
두 마리 토끼를 잡다
기여하다
집착하다
고진감래

어휘 도전, 성공

목표를 정하다

도전하다

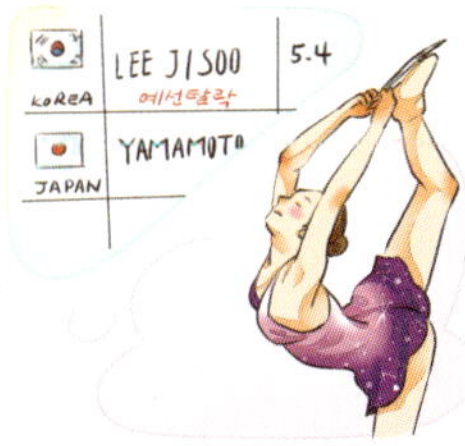

재기하다

목표를 달성하다

출세하다

명성/업적을 남기다

빈 칸에 알맞은 말을 쓰십시오.

처음 디자이너라는 꿈을 가진 건 옷 가게에서 아르바이트를 하면서부터였습니다. 대학도 나오지 않은 제가 세계적인 디자이너가 되겠다는 1)______________ 을/ㄹ 때 제 주변 사람들은 저를 말렸습니다. 하지만 저는 2)______________ 기 위해 쉼 없이 달렸고 공모전에서 여러 번 상도 받았습니다. 돈도 어느 정도 모으고 자신감도 얻은 저는 제 브랜드를 만들었지만 경기불황의 여파로 1년 만에 빈털터리가 되었습니다. 그때 포기했다면 지금의 저는 아마 없었을 겁니다. 저는 새로운 소재를 이용한 실용적인 의류 디자인 개발에 3)______________ 마침내 4)______________ 을/ㄹ 수 있었습니다. 그리고 이렇게 뉴욕에서 패션쇼까지 하게 되었으니 5)______________ 다고 할 수 있겠지요?

문법

1 -는 한

동사나 '있다, 없다' 뒤에 써서 앞 문장이 뒤의 행위나 상태에 대한 전제나 조건이 됨을 나타낸다.

- 힘이 닿는 한 지원을 아끼지 않겠습니다.
- 내가 살아 있는 한 절대 이 결혼을 허락할 수 없다.
- 유가가 내리지 않는 한 물가가 안정되기는 힘들 것이다.
- 희망을 버리지 않는 한 해결 방법을 찾을 수 있을 겁니다.

다음은 기자와 영화배우의 인터뷰입니다. 대화를 완성하십시오.

기자: 조승훈 씨 안녕하세요? 서울일보의 김주한 기자입니다.

배우: 눈 때문에 방금 촬영이 중단돼서 쉬고 있었는데, 정말 때를 잘 맞춰서 오셨네요. 1) 정말 큰일이 나지 않는 한 촬영을 중단하기는 어렵거든요.

기자: 이번 영화는 아버지와 아들의 이야기지요? 어떻게 보면 너무 흔한 소재여서 사람들의 눈길을 끌 수 없을지도 모르겠다는 생각이 드는데요.

배우: 소재만 보면 그렇지만 이 영화는 절대 뻔한 내용이 아니에요. 2) ______________ 는 한 내용을 알 수 없을 테니까 꼭 영화를 보세요.

기자: 촬영하면서 힘든 점이 있다면 어떤 것이 있을까요?

배우: 감독님은 아무리 사소한 장면이라도 3) ______________ 는 한 절대 '컷'을 외치지 않으세요. 그래서 같은 장면을 10번 이상 촬영한 적도 있어요.

기자: 벌써 연기를 시작하신 지 20년이 넘었는데요. 언제까지 연기를 계속하실 생각이세요?

배우: 4) ______________ 는 한 저는 연기를 계속할 겁니다.

기자: 이 인터뷰를 보고 있을 많은 배우 지망생들에게 한마디 부탁드립니다.

배우: 타고난 재능만으로는 성공하기 어렵습니다. 끊임없는 노력과 연습이 필요해요. 5)노력하는 한 ______________ .

기자: 네. 6)조승훈 씨 같은 배우가 있는 한 ______________ .

2 -되

동사 뒤에 써서 앞 문장의 내용을 인정하거나 허락하면서도 그에 대한 단서가 있음을 나타낸다. 말보다는 글에서 쓰이며 예스러운 느낌을 준다.

- 네 마음대로 하되 네 행동에는 반드시 책임을 져라.
- 필요한 만큼 가져가되 남기면 안 됩니다.
- 자유롭게 기사를 쓰되 특정인에게 피해가 가지 않도록 해 주십시오.
- 시위를 하되 폭력을 사용해서는 안 됩니다.

다음은 기숙사에 있는 안내문입니다. 문장을 완성하십시오.

〈주의사항〉

- 출입 시간 제한은 없습니다. 1) 자유롭게 출입하되 3일 이상 방을 비울 때는 1층 안내실로 연락 바랍니다.
- 2층 조리실에는 조리 도구와 기본적인 양념이 갖춰져 있습니다. 2) ＿＿＿＿＿＿＿＿ 되 다음 사람을 위해 깨끗이 정리를 해 주십시오.
- 3) 음식을 배달시킬 수 있으니 배달시켜 먹되 ＿＿＿＿＿＿＿＿.
- 3층에 컴퓨터실이 있습니다. 4) 공용 컴퓨터이므로 ＿＿＿＿＿＿＿＿ 되 1시간을 넘지 않게 해 주십시오.
- 컴퓨터실 안에 DVD와 CD를 대여해 주는 곳이 있습니다. 5)개수가 넉넉하지 않으므로 빌려 가되 ＿＿＿＿＿＿＿＿.
- 열쇠는 따로 맡기는 곳이 없습니다. 6) ＿＿＿＿＿＿＿＿ 되 퇴실할 때는 꼭 반납해 주십시오.

과제 1 말하기

01 다음 인물들을 살펴 봅시다.

이름 : 스티븐 스필버그 (Steven Spielberg) **직업 :** 영화감독 **주요 업적** 아카데미 상 3번 수상 〈E.T〉, 〈스타워즈〉, 〈인디아나 존스〉, 〈트랜스포머〉 등 수많은 영화 제작	**이름 :** 아인슈타인(Albert Einstein) **직업 :** 물리학자 **주요 업적** 1905년 특수상대성이론 발표 1921년 노벨 물리학상 수상	**이름 :** 스티브잡스(Steve Jobs) **직업 :** 기업가 **주요 업적** 1976년 애플 컴퓨터 설립 2009년 포춘(Fortune)지 선정 최고의 CEO

02 여러분 나라의 소개하고 싶은 인물에 대해서 조사하여 발표해 봅시다.

과제 2 듣고 쓰기

01 다음은 라디오 시사 프로그램의 한 코너입니다. 듣고 질문에 답하십시오.

CD 14-3

1) **김주영 씨는 어떤 삶을 살고 있습니까?** ( )

❶ 새로운 도전을 계속하고 있다.
❷ 돈을 모으기 위해서 일하고 있다.
❸ 최고로 인정받기 위해 노력하고 있다.
❹ 좋아하는 일을 하며 만족을 느끼고 있다.

2) **김주영 씨는 성공을 원하는 젊은이들에게 어떤 말을 전했습니까?**

3) **들은 내용과 맞으면 ○, 틀리면 × 하십시오.**

❶ 김주영 씨는 치즈가 유명해져 많은 치즈를 생산하고 있다. ( )
❷ 김주영 씨는 남편의 공부 때문에 미국에 갔다. ( )
❸ 김주영 씨는 프랑스 여행에서 수제 치즈를 먹어 봤다. ( )

02 다음 중에서 여러분이 생각하는 성공의 조건을 고르고, 어떻게 사는 것이 성공한 삶이라고 생각하는지 글을 써 봅시다.

보기

여유	즐거움	건강	사랑	가족
인간관계	지위	명성	만족감	존경
학력	경제력			

수제
사로잡다
연발하다
생소하다
무모하다
하찮다

과제 3 읽고 말하기

01 다음 글을 읽고 질문에 답하십시오.

"나는 웨스트민스턴 사원보다 한국 땅에 묻히기를 원합니다."라고 말할 만큼 한국인보다 더 한국을 사랑한 외국인이 있다. 1886년 스물 셋의 나이에 한국에 온 미국인 선교사 호머 헐버트(Homer B. Hulbert)이다. 헐버트는 신학대에 다니다가 고종이 세운 서양식 신식 학교인 육영공원에 영어 교사로 자원하여 한국에 왔다. 고종은 육영공원에 큰 관심을 보이며 학생들을 상대로 직접 영어 시험을 실시하기도 했기 때문에 영어 교사들이 한글로 영어 발음을 적어 주어야 했다. 한글이 음성 언어이기 때문에 이것이 가능한 것을 보며 헐버트는 한글에 끌리기 시작했다. 그래서 자비를 들여 한글을 배웠고 그의 한국어 실력은 3년 만에 한글로 책을 쓸 정도가 되었다. 헐버트는 한글이 과학적이고 독창적인 음성 언어로서 쓰기에 편한데도 사람들이 한글을 경시하고 한자를 떠받드는 것을 매우 안타까워했다. 1889년 헐버트는 지리, 사회, 여러 나라의 문화와 풍습 등을 소개한 책인 "사민필지"라는 책을 썼다. 이는 '선비와 백성 모두가 꼭 알아야 할 지식'이라는 의미이며 우리나라 최초의 한글 교과서이다.

헐버트는 한국의 문화유산을 소개하는 데에도 앞장섰다. 국내에서뿐만 아니라 외국의 언론에도 한국의 문화유산에 대한 기고를 했고 미국의 한 월간지에 금속활자, 거북선, 한글 등을 소개한 글을 쓰기도 했다. 또한 아리랑에 최초로 음계를 붙인 사람도 바로 헐버트이다. 그는 한국의 전래 민요와 아리랑을 서양 음계로 적어 한국의 음악사에 서양 악보의 시대를 열었다.

헐버트의 여러 업적 중에서 가장 의미있는 것은 그가 대한민국의 국권 수호를 위해 애썼다는 점이다. 육영공원을 계기로 헐버트와 깊은 우정을 나누게 된 고종은 헐버트를 크게 신임하고 의지했으며 여러 번 헐버트를 특사로 임명해 독립과 관련된 임무를 맡겼다. 하지만 1907년, 고종이 물러나게 되면서 헐버트도 한국에서 강제 추방되었다.

그 후로 헐버트가 다시 한국에 오기까지는 무려 42년의 시간이 걸렸다. 1949년 한국 정부의 초청으로 한국에 오게 되었으나 한국 땅을 밟은 지 일주일 만에 세상을 뜨고 말았다. 여든 다섯의 나이로 한 달 넘게 배를 타고 오느라 몸이 쇠약해졌기 때문이다. ㉠그의 오랜 소원대로 헐버트는 양화진 외국인 묘지에 묻혔고 다음 해에 한국 정부는 그의 공로를 인정하여 헐버트에게 3등급 훈장에 해당하는 '태극장'을 내렸다.

1) 헐버트가 했던 일이 아닌 것은 무엇입니까? ( )

❶ 선교사 ❷ 교육자
❸ 작곡가 ❹ 외교 특사

2) ㉠의 '오랜 소원'은 무엇입니까?

3) 헐버트에 대한 설명으로 맞는 것을 고르십시오. ( )

❶ 한국에 오기 위해 한국어를 배워두었다.
❷ 국내외에 한국의 유산을 알리려고 애썼다.
❸ 한국에 대한 관심은 한 분야에만 집중됐다.
❹ 살아 있을 때 한국 정부로부터 훈장을 받았다.

02 한국의 인물을 하나 골라서 조사하여 발표해 봅시다.

선교사
독창적
기고
음계
전래 민요
국권 수호
신임하다
쇠약하다
공로

제 15 과 환경과 생활

- **학습 목표** 환경 오염 문제와 환경 보호를 위해 우리가 실천할 수 있는 일들에 대해 이해하고 표현할 수 있다.
- **어휘** 마땅찮다, 친환경적, 상용화, 주행, 절감하다, 배기가스, 안성맞춤 / 에너지 관련 어휘
- **문법** –을뿐더러, –느니
- **과제** 쓰레기 문제 해결을 위해 생활 속에서 우리가 실천할 수 있는 일들에 대해 말하기
  친환경 정책에 대한 뉴스를 듣고 에너지 절약 방법에 대해서 말하기
  환경 문제에 대한 신문기사를 읽고 그와 관련된 표어 써 보기

1. 환경을 오염시키는 것에는 뭐가 있을까요?
2. 환경을 왜 보호해야 한다고 생각합니까?

CD 15-1, 2

민 철 슈테판 씨, 잠깐 이 카탈로그 좀 봐 주시겠어요? 이 차를 살까 하는데 어떤 것 같아요?

슈테판 아니 민철 씨는 자전거 타고 다니잖아요. 환경 보호 때문에 자전거를 타야 한다고 하더니 왜 갑자기 차를 사려고 하세요?

민 철 다음 달에 회사가 사옥을 이전하는 바람에 자전거로는 출퇴근하기가 어렵게 됐거든요. 게다가 대중교통편도 마땅찮아서요.

슈테판 그렇군요. 음, 그럼 이 차를 사느니 차라리 하이브리드 자동차를 사는 건 어때요? 앞으로는 친환경적인 자동차가 점점 상용화될 테니까요.

민 철 하이브리드 자동차요? 일반 차에 비해서 가격이 좀 비싸다면서요.

슈테판 그렇긴 한데 저속 주행 시에는 전기로 가기 때문에 연료가 절감돼서 장기적으로 보면 비싼 게 아니에요.

민 철 하긴 자원도 절약할 수 있고 배기가스로 인한 대기오염도 최소화할 수 있으니 하이브리드 자동차가 낫겠네요.

슈테판 그럼요. 환경을 생각하는 민철 씨에게 딱 안성맞춤이지요.

마땅찮다
친환경적
상용화
주행
절감하다
배기가스
안성맞춤

어휘 에너지의 종류

태양 에너지

수력

풍력

지열

해양 에너지

화석 연료

빈 칸에 알맞은 말을 쓰십시오.

환경 문제에 대한 관심이 높아지면서 화석 에너지 자원 고갈에 대비하여 반영구적으로 사용할 수 있는 에너지에 대한 연구가 활발하다. 높은 곳에서 물이 떨어지는 힘을 이용하여 에너지를 생산하는 1)__________ 에너지와 바람의 힘을 에너지로 바꾸는 2)__________ 에너지, 그리고 태양열과 태양광을 이용하는 3)__________ 에너지가 대표적이라고 할 수 있다. 그밖에 지구의 내부에서 수증기, 온수, 화산 분출 등으로 외부로 방출되는 에너지를 이용하는 4)__________ 에너지가 있으며, 밀물과 썰물의 차이나 파도의 힘을 이용하여 에너지를 만드는 5)__________ 에너지 등이 있다.

문법

1 -을뿐더러

동사, 형용사 뒤에 써서 어떤 사실, 상황에 더하여 다른 사실, 상황이 있음을 나타낸다. 보통 뒤의 상황이 더 심각하거나 정도가 더한 경우가 많다. '-을/ㄹ 뿐만 아니라'와 의미가 유사하나 '-뿐만 아니라'가 명사 뒤에 쓸 수 있는 것과 달리 '-뿐더러'는 명사 뒤에 쓸 수 없다.

자음으로 끝나는 동사, 형용사의 어간 뒤에는 '-을뿐더러', 모음으로 끝나는 동사, 형용사의 어간 뒤에는 '-ㄹ뿐더러'를 사용한다.

- 그 일은 힘들뿐더러 보수도 적어서 하고 싶어하는 사람이 없다.
- 그곳은 교통이 불편할뿐더러 편의시설도 거의 없어서 주민들의 불만이 많아요.
- 이 음식은 기름기가 적을뿐더러 비타민이 풍부해서 어린이 간식으로 좋아요.
- 영수는 약속도 잘 지키지 않을뿐더러 거짓말도 많이 해서 사람들이 싫어해요.

다음은 원룸을 소개하는 게시물입니다. 게시물을 보고 대화를 완성하십시오.

하늘 원룸

- 보증금 1000만원/월세 70만원
- 남향이라서 방이 밝음
- 지하철역까지 도보로 3분
- 가구, 가전제품, 싱크대, 가스레인지, 에어컨 있음
- 신축 건물
- 감시 카메라 있음
- 24시간 경비 근무
- 같은 건물 안에 헬스장, 수영장이 있음
- 시장, 병원이 가까움

미래 원룸

- 보증금 500만원/월세 50만원
- 지은 지 좀 오래됐지만 내부 수리를 해서 깨끗함
- 가구, 가전제품, 싱크대, 가스레인지, 에어컨 있음
- 버스정류장까지 도보로 1분
- 시장, 병원이 가까움
- 근처에 공원이 있어서 조용하고 공기가 좋음

부동산 중개인: 어서 오세요. 원룸을 보러 오셨어요?

손님: 네, 괜찮은 방 있나요?

부동산 중개인: 여기 게시물을 보세요. 이 하늘 원룸은 어떠세요? 1) 남향이라서 방이 밝을뿐더러 지하철역이 가까워서 교통이 아주 편리해요.

손님: 방 내부는 어떤가요?

부동산 중개인: 2) 필요한 게 다 갖춰져 있어서 ______________ 을뿐더러/ㄹ뿐더러 지은 지 얼마 안 돼서 아주 깨끗해요. 게다가 3) ______________ 을뿐더러/ㄹ뿐더러 ______________.

손님: 보증금하고 월세는 얼마예요?

부동산 중개인: 1,000만원에 70만원이에요.

손님: 아! 좋긴 한데 월세가 비싸네요.

부동산 중개인: 그렇긴 한데 4) ______________ 을뿐더러/ㄹ뿐더러 ______________.
아니면 이 미래 원룸은 어떠세요? 보증금 500만원에 월세 50만원인데 집을 지은 지는 좀 오래됐지만 5) ______________ 을뿐더러/ㄹ뿐더러 ______________.
그리고 지하철역은 좀 멀지만 6) ______________ 을뿐더러/ㄹ뿐더러 ______________.

손님: 두 집 모두 직접 둘러보고 결정해야겠어요.

2 -느니

동사 뒤에 써서 앞 상황이나 행위보다는 뒤 상황이나 행위가 차라리 나음을 나타낸다. 뒤의 상황, 행위도 썩 만족스럽지는 않기 때문에 뒤에 '차라리'나 '아예' 등이 자주 쓰인다.

- 너한테 부탁하느니 차라리 내가 직접 하겠다.
- 이렇게 취직이 안 돼서 날마다 노느니 아르바이트라도 하는 게 어때?
- 집에서 애를 보느니 나가서 일하는 게 낫지.
- 돈을 빌려서 그 일을 하느니 아예 안 하는 게 낫다.

정수의 차가 고장이 났습니다. 대화를 완성하십시오.

정수: 차가 또 고장 나서 카센터에 가야 돼. 벌써 몇 번째인지 모르겠어.

영호: 수리 받은 지 얼마 안 됐다면서 또 고장이 났구나. 그 차 산 지 10년이 넘었지? 차 수명이 다 됐나 본데 1) 또 수리를 받느니 이번 기회에 중고차로라도 바꾸지 그래?

정수: 중고차를 샀다가 혹시라도 자주 고장 나면 어떻게 해...
2) ______________ 느니 렌트카를 타는 게 낫겠다.

영호: 그래도 빌려 타는 것보다는 자기 차를 타는 게 좋지 않아? 3)렌트카 회사에서 차를 빌려서 타느니 ______________.

정수: 내가 체격이 좀 커서 경차는 불편해. 4) ______________ 느니 할부로라도 중형차를 사는 게 낫지.

영호: 그런데 할부를 하면 이자를 내야 하잖아. 5) ______________ 느니 돈이 있다면 좀 부담이 되더라도 일시불로 사.

정수: 음, 그럴까? 그런데 차를 산다면 대한자동차의 신형 모델로 바꾸고 싶은데 좀 비싸더라.

영호: 그 차는 성능 면에서는 이전 모델과 별 차이가 없대. 6)비싼 돈을 들여서 ______________ 느니 ______________.

과제 1 말하기

01 다음은 쓰레기를 매립했을 때 완전히 썩는 데 필요한 기간입니다.
표를 보고 어떤 것이 가장 시간이 오래 걸리는지 말해 봅시다.

구분	종목	썩는기간	구분	종목	썩는기간
종이		2-5년	오렌지 껍질		6개월
담배필터		10-12년	우유팩		5년
나무 젓가락		20년이상	종이컵	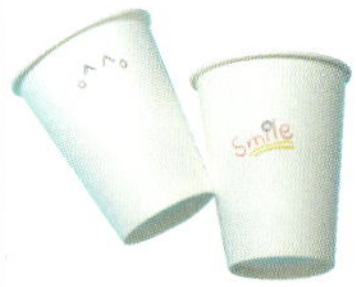	20년이상
가죽구두		25-40년	나일론천		30-40년
스티로폼 용기		50년이상	플라스틱 용기		50-60년
알루미늄 캔		60-100년	종이 기저귀		500년 이상
칫솔	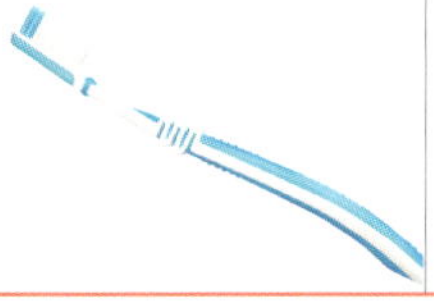	100년 이상	음료수병		100년 이상

02 환경 보호를 위해 우리가 실천할 수 있는 일들에 대해서 <보기>와 같이 이야기해 보십시오.

보기

쓰레기를 줄이기 위해서는 일회용품 사용을 줄이는 게 가장 중요하다고 봐요. 나무젓가락, 빨대, 종이컵과 같은 일회용품을 사용하는 대신에 계속해서 사용할 수 있는 일반 젓가락이나 머그컵 등을 사용하면 큰 도움이 될 거예요.

과제 2 듣고 말하기

01 다음 뉴스를 듣고 질문에 답하십시오.

CD 15-3

1) **무엇에 대한 뉴스입니까?** ( )

❶ 자전거 출퇴근의 장단점
❷ 덴마크 자전거 산업의 역사와 발전 과정
❸ 자전거를 이용한 덴마크의 신재생 에너지 개발
❹ 환경 보호를 위한 덴마크 국민들의 자전거 이용

2) **코펜하겐 시에서 환경 보호를 위해 한 일을 쓰십시오.**

❶ □□□ 전용 도로와 □□ 시설 마련
❷ 정기적으로 도시 □□의 □ 측정

3) **위 글의 내용과 같으면 ○, 다르면 × 하십시오.**

❶ 코펜하겐 시민의 절반 정도가 자전거로 통근한다. ( )
❷ 덴마크 국민들 중 사회 지도층은 자전거 이용에 소극적인 편이다. ( )
❸ 덴마크 국민들은 어릴 때부터 환경 보호의 중요성에 대해 배운다. ( )

02 개인, 국가, 전세계적 차원에서 할 수 있는 에너지 절약 방법에 대해 이야기해 보십시오.

통근하다
고하
막론하다
침범하다
턱
현저히
동참하다
자급률

과제 3 읽고 쓰기

01 다음 신문 기사를 읽고 질문에 답하십시오.

(1) 최근 한국의 근해에서 잡힌 생선 가운데 멸치와 고등어, 오징어 등 난류성 물고기의 어획량은 지난 1980년에 비해 크게 증가했다. 한류성 어종인 명태는 1980년대 초반까지 어획량이 10만 톤을 넘었으나 지금은 거의 잡히지 않고 있다. 지난 40년 동안 한국 전역의 바닷물의 온도는 평균 1.3도 상승했다. 물고기는 수온의 영향을 크게 받기 때문에 바다의 온도에 따라 잡히는 어종이 달라질 뿐만 아니라 어획량에도 큰 변화가 생긴다. 2백 년 전에 나온 물고기 백과사전인 〈자산어보〉를 보면 이런 변화를 확실히 알 수 있다. 이 책에 나왔던 흑산도 물고기 39종 가운데 두 종은 현재 잡히지 않는다. 둘 다 한류성 어종인데, 당시엔 바다 온도가 지금보다 낮아 흑산도 근해에서도 잡혔던 것으로 추정된다. 제주도 인근 바다의 경우, 과거에는 회색빛 물고기들이 많았으나 지금은 울긋불긋한 빛깔의 열대어종이 주류를 이룬다. 물고기 어종 변화의 주된 원인은 수온 상승 때문인 것으로 추정된다. 30~40년 만에 이루어진 생선 어종의 교체는 그저 식재료의 변화만 의미하는 것이 아니라 한반도 생태계의 변화를 시사하는 것이다. 이런 생태계의 급변은 우리의 생존과도 관련된 문제인 만큼 적절한 대책을 세울 필요가 있다.

(2) 이산화탄소 등이 과다하게 배출되면서 온실 효과에 의해 지구의 연평균 기온이 계속 높아지고 있다. 이러한 지구 온난화로 인한 환경 문제 중 가장 심각한 것은 극 지방의 빙하가 녹아 해수면이 상승되는 현상이다. 빙하는 물보다 훨씬 많은 태양열을 반사하는데 이런 빙하가 녹으면 반사되는 태양열이 줄어 지구로 흡수되면서 지구 온난화는 가속화될 수밖에 없다.

케임브리지 대학의 빙하 전문가 피터 워드햄에 따르면 1980년에만 해도 여름철 북극의 빙하 면적은 지구 전체 면적의 약 2%에 달했지만 현재는 빙하의 양이 1/4정도로 줄어들어 결국 빙하가 모두 사라지게 될 것이라고 한다.

북극의 빙하는 현재 사상 최저 수준으로 줄어들었는데, 영국 기상청은 2030년 이후에는 북극에서 여름철 빙하를 볼 수 없을 것으로 추정하고 있다. 육지의 빙하가 모두 녹을 경우에 해수면은 약 60m 상승할 것으로 예상된다. 현재 전 세계 인구의 41%가 해안가에 거주하고 있으며 인구 1000만 이상인 대도시의 2/3 가량이 바다와 인접한 곳에 위치하고 있다. 그러므로 이와 같은 해수면 상승은 인류의 생존에 위협이 될 것이다.

어획량
열대어종
생태계
생존
해수면
인접하다

1) 위 글 (1), (2)의 제목으로 알맞은 것을 다음에서 고르십시오.

(1) ____________, (2) ____________

❶ 빙하 면적의 감소와 해수면 상승
❷ 빙하의 이동과 거주 지역의 변화
❸ 물고기 어종과 어획량 사이의 관계
❹ 수온 변화로 인한 물고기 어종의 변화

2) 위 글 (1), (2)를 모두 포함할 수 있는 주제는 무엇입니까? (　　　)

❶ 바다의 중요성　　❷ 기상 이변
❸ 지구 온난화　　❹ 해수면의 변화

3) 위 글의 내용과 같으면 ○, 다르면 × 하십시오.

❶ 옛날 한국 근해에서 살던 물고기 중 사라진 일부는 한류성 어종이다. (　　)
❷ 한류성 어종과 난류성 어종은 색의 차이가 있다. (　　)
❸ 온실 효과로 인해 이산화탄소 배출이 증가하고 있다. (　　)

02 위의 신문 기사 중 하나를 골라 그 문제와 관련된 심각성을 알리는 표어나 문구를 〈보기〉와 같이 써 보십시오.

보기

뜨거워져 가는 지구, 병들어 가는 환경!

3주완성
연세 한국어

연세대학교 한국어학당 편

8 부록

1. 문법 활용연습
2. 듣기 지문
3. 모범 답안
4. 색인

연세대학교 출판문화원

3주완성 연세 한국어

연세대학교 한국어학당 편

8 부록

1. 문법 활용연습
2. 듣기 지문
3. 모범 답안
4. 색인

연세대학교 출판문화원

부록

- 1. 문법 활용연습
- 2. 듣기 지문
- 3. 모범 답안
- 4. 색인

1. 문법 활용연습

제1과 남성과 여성

1.-긴 -나 봐요

1) 다음 문장을 만드십시오.

보기 출퇴근 시간에도 차가 별로 없는 걸 보니 유가가 오르다
➡ 출퇴근 시간에도 차가 별로 없는 걸 보니 유가가 오르긴 올랐나 봐요.

❶ 한 달에 책을 5권이나 사는 걸 보면 책을 좋아하다

➡ ______________________________.

❷ 그 영화를 안 본 사람이 없는 걸 보니 영화의 인기가 대단하다

➡ ______________________________.

❸ 더 이상 이 하천에서 물고기를 찾을 수 없는 걸 보면 환경오염이 심각하다

➡ ______________________________.

❹ 웬만해선 잠기지 않는 곳이 잠긴 걸 보니 비가 많이 오다

➡ ______________________________.

❺ 겨울철 전력 사용량이 최고치를 기록한 걸 보면 지난 겨울이 춥다

➡ ______________________________.

2) 다음 대화를 완성하십시오.

보기 가 : 요즘 그 노래를 모르는 사람이 없는 것 같아요.
나 : 맞아요. 그 노래가 인기가 많긴 많은가 봐요.

❶ 가 : 뉴스를 보니까 눈 피해가 크던데요.

나 : ______________________________.

❷ 가 : 작년에 비해 해외 여행객이 크게 줄었다고 해요.

나 : ______________________________.

❸ 가 : 영수 씨가 부장으로 승진했다면서요?

나 : ______________________________.

❹ 가 : 학생들 점수가 별로 안 좋아요.

나 : ______________________________.

❺ 가 : 그 후보를 지지하는 사람이 많네요.

나 : ______________________________.

2. 아무리 -기로서니

1) 다음 문장을 만드십시오.

보기 일이 힘들다 / 이렇게 상황이 안 좋을 때 사표를 내서야 되겠어요?
➡ 아무리 일이 힘들기로서니 이렇게 상황이 안 좋을 때 사표를 내서야 되겠어요?

❶ 회사 상태가 안 좋다 / 갑자기 해고 통보를 하면 어떻게 해요?

➡ ______________________________.

❷ 스트레스가 쌓이다 / 날마다 술을 마시면 어떻게 해요?

➡ ______________________________.

❸ 돈이 중요하다 / 건강만 하겠어요?

➡ ______________________________.

❹ 익명게시판이다 / 함부로 남을 비방하면 안 되지요.

➡ ______________________________.

❺ 응원하는 팀이 지다 / 선수들에게 욕을 해서야 되겠어요?

➡ ______________________________.

2) 다음 대화를 완성하십시오.

보기
가 : 동생이 너무 미워서 한 대 때리고 싶어.
나 : 아무리 밉기로서니 동생을 때려서야 되겠어?

❶ 가 : 나는 내 여자 친구가 영화배우 김태희보다 예쁜 것 같아.
나 : ________________________________.

❷ 가 : 한 초등학생이 용돈이 부족하다고 편의점 물건을 훔쳤다네요.
나 : ________________________________.

❸ 가 : 월급도 오르고 보너스도 받았는데 차를 바꿀까?
나 : ________________________________.

❹ 가 : 나와 의견이 달라서 친구의 말을 무시했는데, 내가 너무했나?
나 : ________________________________.

❺ 가 : 여자 친구와 싸우다가 화가 나서 헤어지자고 말해 버렸어요.
나 : ________________________________.

제2과 한국의 가족

1. -기는커녕

1) 보기 와 같이 다음 문장을 만드십시오.

보기
마사지를 받았는데도 통증이 가라앉다 / 더 아프네요.
➡ 마사지를 받았는데도 통증이 가라앉기는커녕 더 아프네요.

❶ 면접 때 긴장되다 / 면접 연습을 할 때보다 마음이 더 편했어요.

➡ ______________________________.

❷ 새 학기가 시작되었는데도 설레다 / 걱정스러운 마음만 들어요.

➡ ______________________________.

❸ 아무리 일을 해도 빚이 줄다 / 눈덩이처럼 불어났다.

➡ ______________________________.

❹ 저축할 돈 / 당장 쓸 돈도 없어요.

➡ ______________________________.

❺ 그 사람은 샤워 / 세수도 안 해요.

➡ ______________________________.

2) 보기 와 같이 대화를 완성하십시오.

보기
가 : 백화점에서 세일을 하고 있으니 사람이 많겠네요.
나 : 사람이 많기는커녕 불경기 때문인지 평소보다도 사람이 적어요.

❶ 가 : 차를 가지고 가서 시간이 많이 절약됐겠어요.

나 : ______________________________.

❷ 가 : 게임을 하니까 스트레스가 풀리지요?

나 : ______________________________.

❸ 가 : 경기가 나빠져서 해외여행객 수가 많이 감소했지요?

나 : ______________________________.

❹ 가 : 범인이 자기가 저지른 범죄에 대해 반성하던가요?

나 : ______________________________.

❺ 가 : 심심할 때는 집에서 TV라도 보지 그러세요?

나 : ______________________________.

2. -는 둥 마는 둥 하다

1) **보기** 와 같이 다음 문장을 만드십시오.

> **보기** 이야기가 너무 길고 장황해서인지 듣다
> ➡ 이야기가 너무 길고 장황해서인지 듣는 둥 마는 둥 했다.

❶ 밤새 쏟아지는 폭우 소리가 하도 시끄러워서 자다

➡ ______________________________.

❷ 더위 때문에 입맛이 없어서 그런지 음식을 먹다

➡ ______________________________.

❸ 전시회에 사람들이 너무 많아서 관람을 하다

➡ ______________________________.

❹ 여행 마지막 날에는 너무 지쳐서 사진을 찍다

➡ ______________________________.

❺ 시험 때 시간이 없어서 뒷부분의 내용은 공부하다

➡ ______________________________.

2) 다음 대화를 완성하십시오.

> **보기**
> 가 : 내가 분명히 얘기했는데 무슨 얘기였는지 생각나지?
> 나 : 급한 전화를 받느라고 듣는 둥 마는 둥 해서 기억이 잘 안 나.

❶ 가 : 이 드라마 처음부터 봤지? 내용 좀 얘기해 줄래?

나 : 처음부터 보긴 했는데 ________________________________.

❷ 가 : 영주는 왜 그렇게 수업을 ____________________________?

나 : 다 아는 내용이라서 그런지 잘 안 듣더라고.

❸ 가 : 시간이 촉박해서 ____________________고 급하게 삼켰더니 체했나 봐.

나 : 추울 때는 음식을 꼭꼭 씹어 먹어야지 그렇지 않으면 쉽게 체할 수 있지.

❹ 가 : ____.

나 : 그러니까 수영하기 전에는 준비 운동을 충분히 해야지요.

❺ 가 : 영주는 살 뺀다고 아침, 점심도 걸렀다던데 저녁도 ________________.

나 : 살 뺀다고 요즘 식사를 제대로 안 하더라고.

제3과 대중문화

1. -으랴 -으랴

1) 다음 문장을 만드십시오.

보기
공부하다 / 일하다 / 정신없이 바빠요.
➡ 공부하랴 일하랴 정신없이 바빠요.

❶ 음식 만들다 / 집안 청소하다 / 쉴 틈이 없어요.

➡ ____.

❷ 환자들을 진료하다 / 수술하다 / 항상 바빠요.

➡ ____.

❸ 발표 준비하다 / 보고서 쓰다 / 눈 코 뜰 새 없어요.

➡ ____.

❹ 학교 다니다 / 학원 다니다 / 몸이 두 개라도 모자랄 지경이에요.

➡ ____.

❺ 손님 접대하다 / 회의 진행하다 / 하루 종일 물 한 잔 마실 틈도 없었어요.

➡ ____.

2) 다음 대화를 완성하십시오.

보기
가: 요즘 왜 그렇게 바쁘세요?
나: 유학 수속 밟으랴 필요한 물건 준비하랴 정신없이 바빠요.

❶ 가 : 아드님이 고등학교 3학년이라면서요?

나 : 네, 그래서 ________________________________.

❷ 가 : 대학교 새내기 생활이 어떠세요?

나 : ____.

❸ 가 : 이사 준비는 잘 되고 있어요?

나 : ____.

❹ 가 : 사업을 새로 시작하셨다면서요?

나 : ____.

❺ 가 : 어제는 왜 하루 종일 전화를 안 받으셨어요?

나 : ____.

2. -으면 몰라도

1) 다음 문장을 만드십시오.

보기 맞벌이를 하다 / 10년 안에 집사기는 힘들 것 같아요.
➡ 맞벌이를 하면 몰라도 10년 안에 집사기는 힘들 것 같아요.

❶ 월급이 많다 / 그렇게 위험한 일은 하고 싶지 않아요.

____.

❷ 회사를 그만두다 / 오랫동안 여행을 하기는 힘들 것 같아요.

____.

❸ 신약이 개발되다 / 현재로선 이 병을 치료할 방법이 없습니다.

____.

❹ 어른이 같이 가다 / 아이들끼리 산에 가는 건 위험해요.

____.

❺ 다른 사람들이 도와주다 / 저 혼자서 하기에는 너무 버거워요.

____.

2) 다음 대화를 완성하십시오.

보기
가 : 엄마, 제 휴대전화 신형으로 바꿔 주시면 안 돼요?
나 : <u>고장이 났으면 몰라도 멀쩡한 걸 왜 바꾸니?</u>

❶ 가 : 미선아, 너 결혼하면 회사는 그만둘 거니?

나 : ____.

❷ 가 : 우리 팀이 그 최강팀을 이길 수 있을까?

____.

❸ 가 : 세계 일주를 꼭 한번 해 봤으면 소원이 없겠어.

____.

❹ 가 : 그 외국회사 입사 경쟁률이 높던데 나도 합격할 수 있을까?

____.

❺ 가 : 우리 아이를 조기유학을 보낼까 하는데 어떻게 생각하세요?

____.

제4과 직업과 적성

1. -건만

1) 다음 문장을 만드십시오.

보기
과외도 하고 학원도 다니다 / 왜 성적이 안 오를까?
➡ 과외도 하고 학원도 다니건만 왜 성적이 안 오를까?

❶ 그는 능력 있는 사람이다 / 능력을 발휘하지 못 하고 있네요.

➡ ______________________________.

❷ 10년째 수사를 하고 있다 / 아직도 범인에 대한 작은 단서조차 못 찾고 있어요.

➡ ______________________________.

❸ 두 시간이나 기다렸다 / 만나지 못했어요.

➡ ______________________________.

❹ 며칠 밤을 새우며 준비했다 / 너무 긴장해서 그만 실수를 하고 말았어요.

➡ ______________________________.

❺ 그렇게 간곡히 부탁했다 / 그 사람은 끝내 제 부탁을 거절했어요.

➡ ______________________________.

2) 다음 대화를 완성하십시오.

보기
가 : 친구하고 화해하셨어요?
나 : 아니요, 제가 진심으로 사과했건만 친구는 받아주지 않았어요.

❶ 가 : 김 대리는 이번에도 승진을 못했어요?

나 : ______________________________.

❷ 가 : 이제 한국말이 많이 늘었죠?

나 : ______________________________.

❸ 가 : 고향 친구한테서 자주 연락이 와요?

나 : ______________________________.

❹ 가 : 정부의 새로운 주택 정책으로 집값이 안정되고 있습니까?

나 : ______________________________.

❺ 가 : 저조했던 출산율이 최근엔 좀 올라갔나요?

나 : ______________________________.

2. 같아선

1) 다음 문장을 만드십시오.

> **보기** 마음 / 아이들과 많이 놀아주고 싶지만 그럴 시간이 없어요.
> ➡ 마음 같아선 아이들과 많이 놀아주고 싶지만 그럴 시간이 없어요.

❶ 마음 / 어머니 생신에 성대한 잔치를 해 드리고 싶지만 여유가 없어요.

➡ ______________________________.

❷ 생각 / 직원들에게 보너스를 주고 싶지만 요즘 회사 사정이 말이 아니에요.

➡ ______________________________.

❸ 욕심 / 백화점에 있는 물건을 다 사고 싶지요.

➡ ______________________________.

❹ 성질 / 당장 회사에 사표를 내고 싶어요.

➡ ______________________________.

❺ 요즘 / 주식 시장이 하도 불안해서 투자를 할 수가 없어요.

➡ ______________________________.

2) 다음 대화를 완성하십시오.

보기	가 : 설악산에 등산 갔다 오셨다면서요? 정상까지 올라가셨어요? 나 : 마음 같아선 그러고 싶었지만 시간이 없어서 중간까지만 갔어요.

❶ 가 : 우리 결혼식은 어디에서 할까?

나 : ______________________________.

❷ 가 : 요즘 불경기라서 가게에 손님이 별로 없지요?

나 : ______________________________.

❸ 가 : 이번 방학에 고향에 다녀오실 거예요?

나 : ______________________________.

❹ 가 : 어제 친구 때문에 화가 많이 났던데 어떻게 됐어?

나 : ______________________________.

❺ 가 : 지금 하고 있는 아르바이트 일이 굉장히 힘들다던데 계속 할 거야?

나 : ______________________________.

제5과 분단의 현실

1. -다기보다는

1) 다음 문장을 만드십시오.

보기
꼭 필요하다 / 그냥 갖고 싶어서 샀어요.
➡ 꼭 필요하다기보다는 그냥 갖고 싶어서 샀어요.

❶ 그 드라마는 재미있다 / 한국어 공부에 도움이 돼서 보는 거예요.

➡ ______________________________.

❷ 수영을 못 하다 / 물이 무서워서 안 하는 거예요.

➡ ______________________________.

❸ 사장님 말씀은 부탁이다 / 명령에 가까워요.

➡ ______________________________.

❹ 그 음식을 좋아하다 / 버리기가 아까워서 먹었어요.

➡ ______________________________.

❺ 그 드라마는 사회상을 반영하다 / 특정 계층의 입장을 대변하는 것 같아요.

➡ ______________________________.

2) 다음 대화를 완성하십시오.

보기
가 : 독신주의자여서 결혼을 안 하셨어요?
나 : 독신주의자라기보다는 인연을 못 만난 거죠.

❶ 가 : 급이 올라갈수록 문법이 어렵지요?

나 : ______________________________.

❷ 가 : '소나기'라는 드라마에 나오는 여주인공 너무 예쁘죠?

나 : ____________________.

❸ 가 : 왜 아르바이트를 하세요? 돈을 더 벌려고요?

나 : ____________________.

❹ 가 : 요즘 젊은이들은 통일을 원하지 않는 것 같아요.

나 : ____________________.

❺ 가 : 리에 씨는 너무 소극적인 것 같아요.

나 : ____________________.

2. -을래야 -을 수가 없다

1) 다음 문장을 만드십시오.

보기 눈이 많이 와서 외출을 하다
➡ 눈이 많이 와서 외출할래야 할 수가 없어요.

❶ 노래가 너무 빨라서 따라하다

➡ ____________________.

❷ 문이 잠겨서 들어가다

➡ ____________________.

❸ 발음이 이상해서 알아듣다

➡ ____________________.

❹ 이름이 특이해서 잊어버리다

➡ ____________________.

❺ 식량이 부족해서 버티다

➡ ____________________.

2) 다음 대화를 완성하십시오.

보기
가 : 하루 더 쉬시지 왜 벌써 나오셨어요?
나 : 처리해야 할 일이 많아서 더 쉴래야 쉴 수가 없어요.

❶ 가 : 작년 가을에 산 청바지는 요즘 왜 안 입어? 잘 어울리던데.

나 : ______________________________.

❷ 가 : 직장 생활 시작한 지도 꽤 됐는데 돈은 좀 모았어요?

나 : ______________________________.

❸ 가 : 이 책을 아직도 다 못 읽었어요?

나 : ______________________________.

❹ 가 : 영수 씨, 아까 후배에게 너무 심하게 화를 낸 거 아니에요? 좀 참지 그러셨어요.

나 : ______________________________.

❺ 가 : 그 국회의원이 하는 말은 다 거짓말 같아요.

나 : ______________________________.

제6과 공휴일과 기념일

1. -는다뿐이지

1) 다음 문장을 만드십시오.

보기
그 관광지는 이름만 유명하다 / 특별히 볼 건 없어요.
➡ 그 관광지는 이름만 유명하다뿐이지 특별히 볼 건 없어요.

❶ 나이만 어리다 / 생각은 어른스러워요.

➡ ______________________________.

❷ 그 제품은 지명도만 낮다 / 품질은 최고급이에요.

➡ ______________________________.

❸ 그 사람은 학벌이 좋다 / 그렇게 뛰어난 인재는 아니에요.

➡ ______________________________.

❹ 내 동생은 말만 잘 하다 / 실천하는 일은 없어요.

➡ ______________________________.

❺ 특강에 참석만 했다 / 강의는 제대로 듣지 못했어요.

➡ ______________________________.

2) 다음 대화를 완성하십시오.

보기
가 : 이 자동차는 크기가 굉장히 작네요.
나 : 크기가 작다뿐이지 성능은 매우 뛰어나요.

❶ 가 : 그 가수는 인기가 많은 걸 보니 실력이 대단한가 봐요.

나 : ______________________________.

❷ 가 : 수영장에 전혀 안 가시던데 수영을 못하시나 봐요.

나 : ______________________________.

❸ 가 : 안색이 안 좋은데 요즘 건강이 나빠진 거 아니야?

나 : 아니, ______________________________.

❹ 가 : 이번 대회에서 상을 받았네요. 실력이 좋은가 봐요.

나 : 아니에요. ______________________________.

❺ 가 : 이번 정부지원 장학생은 지원자가 많아서 뽑히기 어려울 것 같네요.

나 : 걱정하지 마세요. ______________________________.

2. -는답시고

1) 다음 문장을 만드십시오.

보기	컴퓨터를 고치다 / 부품을 다 뜯어 놓아서 완전히 고장나버렸어요. ➡ 컴퓨터를 고친답시고 부품을 다 뜯어 놓아서 완전히 고장나버렸어요

❶ 요리를 하다 / 이것저것 다 꺼내 놓아서 부엌을 엉망으로 만들어 놓았어요.

➡ ______________________________.

❷ 영어를 배우다 / 미국에 가서 놀고만 왔어요.

➡ ______________________________.

❸ 공원을 만들다 / 여기저기에서 공사를 하는 바람에 주변 환경만 나빠졌어요.

➡ ______________________________.

❹ 최신 유행 스타일로 해주다 / 미용사가 머리를 이 모양으로 해 놓았어요.

➡ ______________________________.

❺ 정치를 하다 / 선거마다 출마했다가 떨어져서 재산만 축냈어요.

➡ ______________________________.

2) 다음 대화를 완성하십시오.

보기
가 : 방도 작은데 웬 운동기구야?
나 : 새해부터 운동한답시고 샀는데 운동은 안 하고 자리만 차지하네.

❶ 가 : 아니, 그 비싼 접시를 누가 깼어요?
나 : 남편이 ____________________.

❷ 가 : 가수가 된다는 동생은 요즘 어떻게 지내고 있어요?
나 : ____________________.

❸ 가 : 집 앞 도로가 왜 저렇게 엉망이에요?
나 : ____________________.

❹ 가 : 책이 이렇게 많은 걸 보니 아드님이 공부를 열심히 하나 봐요.
나 : ____________________.

❺ 가 : 잘 나가시던 김 사장님이 어쩌다가 그렇게 망하셨어요?
나 : ____________________.

제7과 현대인과 도시 생활

1. -으련만

1) 다음 문장을 만드십시오.

> **보기** 이럴 때 친구라도 있으면 도와 달라고 하다 / 모두들 고향에 돌아가서 부탁할 사람이 없네요.
> ➡ 이럴 때 친구라도 있으면 도와 달라고 하련만 모두들 고향에 돌아가서 부탁할 사람이 없네요.

❶ 약으로 치료할 수 있으면 참 좋다 / 수술을 받아야 한다니 걱정이 돼요.

➡ ______________________________.

❷ 그 여자의 마음을 알면 고백하다 / 어떤지 알 수가 없어 고민이에요.

➡ ______________________________.

❸ 일이 없으면 제때 퇴근하다 / 날마다 일이 많아서 퇴근이 늦어요.

➡ ______________________________.

❹ 가방이 조금만 작았으면 기내에 들고 타다 / 크기 때문에 어쩔 수 없이 수하물로 부쳤다.

➡ ______________________________.

❺ 속마음이라도 털어놓을 수 있으면 후련하다 / 말할 만한 상대가 없어 답답할 뿐이다.

➡ ______________________________.

2) 다음 대화를 완성하십시오.

> **보기** 가 : 그 콘서트를 꼭 보고 싶은데 지금이라도 표를 살 수가 있을까?
> 나 : 표를 구할 수 있으면 좋으련만 인기 있는 공연이라서 지금은 표가 없을 거야.

❶ 가 : 약속 시간이 한참 지났는데도 연락도 없이 리에 씨가 안 오네요. 리에 씨한테 연락해 봤어요?

나 : 전화번호를 몰라요. ______________________.

❷ 가 : 올해 투자를 늘릴 계획이 있으신지요?

나 : 경제 상황이 조금이라도 나아지면 ______________________.

❸ 가 : 그렇게 계속 고장이 나는데 새 걸로 하나 사시지 그래요?

나 : ______________________.

❹ 가 : 그건 민생에 도움이 되는 정책인데 왜 시행을 늦추려는 겁니까?

나 : ______________________.

❺ 가 : 그 전염병의 확산을 막을 수 있는 방법이 있습니까?

나 : ______________________.

2. -은 채

1) 다음 문장을 만드십시오.

보기 그 사람은 눈을 감다 / 아무 말도 하지 않았어요.
➡ 그 사람은 눈을 감은 채 아무 말도 하지 않았어요.

❶ 벽에 기대다 / 잠이 들었어요.

➡ ______________________.

❷ 그 부부는 서로를 이해하지 못하다 / 한평생을 같이 살았다.

➡ ______________________.

❸ 취업 준비생들은 주말과 휴일도 잊다 / 취직 시험 준비에 몰두하고 있습니다.

➡ ______________________.

❹ 그 선수는 갑자기 호흡 곤란 증세를 보이며 쓰러지다 / 한동안 일어나지 못했다고 한다.

➡ ____.

❺ 에너지 절약을 위해서 냉방을 켜 놓다 / 상점 문을 열고 영업하는 일이 없도록 해 주십시오.

➡ ____.

2) 다음 대화를 완성하십시오.

보기

가 : 왜 그 업체에서 계약을 취소한 겁니까?

나 : 모르겠어요. 자세한 내용은 밝히지 않은 채 일방적으로 계약을 취소해 버렸어요.

❶ 가 : 왜 감기에 걸렸어?

나 : 어젯밤에 창문을 ______________________________.

❷ 가 : 어제 일어난 건설 현장 사고는 부주의로 인한 거였다면서요?

나 : 네, 안전모를 ____________________ 은/ㄴ 채 작업하다가 사고를 당했대요.

❸ 가 : 영수가 잠자는 모습이 무섭다고? 왜 무서운데?

나 : 영수는 잘 때 눈을 ______________________________.

❹ 가 : 촛불 때문에 화재가 난 거였어?

나 : 응, ______________________________________.

❺ 가 : 발견 당시 피해자 박모 씨는 어떤 상태였습니까?

나 : ____.

제8과 한국의 교육

1. -거니와

1) 다음 문장을 만드십시오.

보기
그 일은 적성에 맞다 / 연봉도 높은 편이에요.
➡ 그 일은 적성에도 맞거니와 연봉도 높은 편이에요.

❶ 면접에서는 지식도 갖춰야 하다 / 자신감 있게 대답을 해야 해.

➡ ____.

❷ 한파로 채소 값은 말할 것도 없다 / 유제품 값도 올랐다고 해요.

➡ ____.

❸ 결혼할 나이가 되었다 / 마침 사귀는 사람도 있으니 빨리 결혼해라.

➡ ____.

❹ 김 과장은 예의가 바르다 / 일도 잘해서 회사에서 평판이 좋아요.

➡ ____.

❺ 의학이 발달하다 / 출산률도 낮아져서 점점 사회가 고령화되고 있다.

➡ ____.

2) 다음 대화를 완성하십시오.

보기
가 : 성적만 좋으면 장학금을 받을 수 있습니까?
나 : 성적도 좋아야 하거니와 출석률도 중요해요.

❶ 가 : 민호 씨와 영수 씨는 얼굴이 정말 닮았지요?

나 : 네. ____.

❷ 가 : 전에 살던 집은 교통이 불편해서 이사하셨어요?

나 : ______________________________.

❸ 가 : 이 친환경 세제의 좋은 점은 뭐예요?

나 : ______________________________.

❹ 가 : 처음 한국에 왔을 때 어떤 점이 힘들었어요?

나 : ______________________________.

❺ 가 : 대통령이 갖춰야 할 자질로는 무엇이 있을까요?

나 : ______________________________.

2. -더라도

1) 다음 문장을 만드십시오.

보기 내가 사장이다 / 그렇게 결정했을 겁니다.
➡ 내가 사장이더라도 그렇게 결정했을 겁니다.

❶ 월급을 적게 받다 / 이 회사를 선택한 것을 후회하지 않을 거예요.

➡ ______________________________.

❷ 경제적으로 여유가 있다 / 사고 싶은 걸 다 사는 건 무절제한 소비라고 생각해요.

➡ ______________________________.

❸ 아무리 유능한 의사이다 / 이 환자를 살릴 수는 없을 거예요.

➡ ______________________________.

❹ 경기에서 어떤 팀과 붙다 / 이길 자신이 있어요.

➡ ______________________________.

❺ 번거롭다 / 환경을 위해서 분리수거에 꼭 참여합시다.

➡ ______________________________.

2) 다음 대화를 완성하십시오.

보기
가 : 이 제품도 하자가 있으면 환불이 가능하지요?
나 : 교환은 되지만 할인을 많이 하는 거라서 하자가 있더라도 환불은 안 됩니다.

❶ 가 : 한 곳에 큰돈을 투자하는 것은 좀 위험하지 않을까요?

나 : ______________________________.

❷ 가 : 이번에도 시험에 떨어지면 포기할까 봐요.

나 : ______________________________.

❸ 가 : 수술을 하면 선수 생활을 계속할 수 있습니까?

나 : ______________________________.

❹ 가 : 틀리게 말하는 것이 창피해서 말을 하지 않으려고 하니까 실력이 늘지 않는 것 같아요.

나 : ______________________________.

❺ 가 : 광고에 그렇게까지 많은 비용을 들여야 할 필요가 있을까요?.

나 : ______________________________.

제9과 개인과 사회

1. -더라고요

1) 다음 문장을 만드십시오.

> **보기** 어제 축구경기를 보러 갔는데 응원 열기가 아주 뜨거웠다.
> ➡ 어제 축구경기를 보러 갔는데 응원 열기가 아주 뜨겁더라고요.

❶ 어제 갔던 박물관은 유물도 많고 건물도 웅장했다.

➡ ______________________________.

❷ 관객들이 그 영화를 보면서 눈물을 흘렸다.

➡ ______________________________.

❸ 영수 씨가 발표를 아주 잘 했다.

➡ ______________________________.

❹ 어제는 토요일이라서 고속도로가 많이 막혔다.

➡ ______________________________.

❺ 얘기해 보니까 김영수 씨가 재미교포였다.

➡ ______________________________.

2) 다음 대화를 완성하십시오.

> **보기** 가 : 어제 본 영화가 어땠어요?
> 나 : 3D로 봤는데 정말 실감나더라고요.

❶ 가 : 이번에 새로 전학 온 학생은 어때?

나 : ______________________________.

② 가 : 지난 주말에 갔던 전시회가 어땠어요?

나 : ____________________.

③ 가 : 오늘 아침 신문에 난 사설 읽어 봤어요?

나 : ____________________.

④ 가 : 어제 친구가 개업한 식당에 갔다 왔다면서요?

나 : ____________________.

⑤ 가 : 어제 TV에서 대통령 후보자들 토론 방송을 했다던데 봤어요?

나 : ____________________.

2. -음으로써

1) 다음 문장을 만드십시오.

보기 대중교통을 이용하다 / 교통비를 줄일 수 있어요.
➡ 대중교통을 이용함으로써 교통비를 줄일 수 있어요.

① 금연을 하다 / 폐암을 예방할 수 있어요

➡ ____________________.

② 봉사활동을 하다 / 많은 보람을 느낄 수 있지요.

➡ ____________________.

③ 한 달에 3만 원을 기부하다 / 10명의 아이들이 점심을 먹을 수 있어요.

➡ ____________________.

④ 정기적으로 건강검진을 받다 / 질병을 조기에 발견할 수 있어요.

➡ ____________________.

⑤ 부모자식 간에 자주 대화를 하다 / 서로 이해하게 됐어요.

➡ ____________________.

2) 다음 대화를 완성하십시오.

보기
가 : 이번 노사 문제는 어떻게 해결됐나요?
나 : 양측이 조금씩 양보함으로써 갈등을 해결할 수 있었어요.

❶ 가 : 광고의 효과는 무엇일까요?

나 : ______________________________.

❷ 가 : 독서의 장점은 뭐라고 생각하십니까?

나 : ______________________________.

❸ 가 : 한국어를 공부하면 어떤 점이 좋아요?

나 : ______________________________.

❹ 가 : 저출산 현상을 해결하기 위한 방법으로는 뭐가 있을까요?

나 : ______________________________.

❺ 가 : 다문화 가정이 한국에 제대로 정착하기 위한 좋은 대책이 있습니까?

나 : ______________________________.

제10과 전통과 문화유산

1. -길래

1) 다음 문장을 만드십시오.

보기 사람들이 모여 있다 / 궁금해서 가 봤어요.
➡ 사람들이 모여 있길래 궁금해서 가 봤어요.

❶ 길이 미끄럽다 / 차를 두고 나왔어요.

➡ ______________________________.

❷ 리에 씨가 저를 못 알아보다 / 저도 인사를 안 했어요.

➡ ______________________________.

❸ 학생들 작문에 틀린 부분이 너무 많다 / 다시 해 오라고 했어요.

➡ ______________________________.

❹ 제임스 씨가 민호 씨 전화번호를 가르쳐 달라고 계속 조르다 / 가르쳐 줬어요.

➡ ______________________________.

❺ 신제품이 나왔다 / 인터넷으로 정보를 찾아봤어요.

➡ ______________________________.

2) 다음 대화를 완성하십시오.

보기 가 : 뭘 그렇게 많이 사 왔어요?
나 : 과일을 싸게 팔길래 좀 많이 샀어요.

❶ 가 : 리에 씨에게서 연락이 왔어요?

나 : 아니요. ______________________________.

② 가 : 어제 왜 모임에 안 나왔어요?

나 : ______________________________.

③ 가 : 제임스 씨와 무슨 얘기를 했어요?

나 : ______________________________.

④ 가 : 아이를 왜 혼냈어요?

나 : ______________________________.

⑤ 가 : 왜 주식을 다 팔았어요?

나 : ______________________________.

2. -는 데

1) 다음 문장을 만드십시오.

보기 칭찬은 아이의 자신감을 키우다 / 가장 효과적인 방법입니다.
➡ 칭찬은 아이의 자신감을 키우는 데 효과적인 방법입니다.

① 시간을 때우다 / 이 게임이 그만이에요.

➡ ______________________________.

② 건강을 생각하는 사람들은 단 맛을 내다 / 설탕대신 꿀을 사용한다고 해요.

➡ ______________________________.

③ 햇빛에 익은 피부를 진정시키다 / 감자팩이 도움이 된다고 해요.

➡ ______________________________.

④ 채소의 섬유질은 포만감을 주어 식욕을 억제하다 / 효과가 있습니다.

➡ ______________________________.

⑤ 1974년 미국의 한 의사가 최초로 심장을 이식하다 / 성공했습니다.

➡ ______________________________.

2) 다음 대화를 완성하십시오.

보기
가 : 유학 생활에 익숙해지는 데 얼마나 걸렸어요?
나 : 익숙해지는 데 6개월쯤 걸린 것 같아요.

❶ 가 : 텔레비전을 왜 치웠어요?
나 : ______________________________.

❷ 가 : 혼자 여행하는 경험은 무엇에 도움이 돼요?
나 : ______________________________.

❸ 가 : 요즘은 심리 치료를 할 때 그림을 많이 이용한다지요?
나 : 네. 그림은 ______________________________.

❹ 가 : 사람의 성격을 형성할 때 환경도 영향을 미칩니까?
나 : 그럼요. 환경은 ______________________________.

❺ 가 : 입사 시험에서 무엇이 당락 결정의 요인이 되나요?
나 : ______________________________.

제11과 과학의 발전

1. -기에 망정이지

1) 다음 문장을 만드십시오.

> **보기** 웨이 씨가 그 말을 못 들었다 / 들었다면 큰 싸움이 났겠지요.
> ➡ 웨이 씨가 그 말을 못 들었기에 망정이지 들었다면 큰 싸움이 났겠지요.

❶ 모아 놓은 돈이 있었다 / 그렇지 않았으면 수술비 때문에 당황할 뻔했다.

➡ ______________________________.

❷ 비밀번호를 적어 놓았다 / 안 그랬으면 돈을 찾지 못했을 거예요.

➡ ______________________________.

❸ 보조 열쇠를 갖고 있다 / 없었으면 차 문을 못 열 뻔했어요.

➡ ______________________________.

❹ 방이 넓었다 / 안 그랬으면 그 많은 사람들이 다 들어가지도 못했을 거예요.

➡ ______________________________.

❺ 칼날이 날카롭지 않았다 / 하마터면 크게 다칠 수도 있었겠네요.

➡ ______________________________.

2) 다음 대화를 완성하십시오.

> **보기** 가 : 네 차가 갑자기 고장이 나서 견인차를 불렀다던데 사실이야?
> 나 : 응, 자동차 보험회사에서 빨리 왔기에 망정이지 안 그랬으면 긴급 지원 서비스를 받지 못해서 고생했을 거야.

❶ 가 : 너 수영 못해서 물에 빠졌다면서?

나 : 응, ______________________________.

❷ 가 : 등산 갔다가 조난당했다면서요?

나 : 네, ______________________________.

❸ 가 : 놀이공원에 갔다가 아이를 잃어버릴 뻔했다는 게 사실이에요?

나 : 네, ______________________________.

❹ 가 : 컴퓨터 작업을 하다가 파일이 지워졌다고요?

나 : ______________________________.

❺ 가 : 집에 불이 났다던데 큰 피해는 없었어?

나 : ______________________________.

2.-는다는 듯이

1) 다음 문장을 만드십시오.

보기 그 사람은 내 말을 못 믿겠다 / 다시 확인을 했어요.
➡ 그 사람은 내 말을 못 믿겠다는 듯이 다시 확인을 했어요.

❶ 영주는 할 말이 있다 / 나한테 손짓했어요.

➡ ______________________________.

❷ 아기는 신기하다 / 강아지를 쳐다봤다.

➡ ______________________________.

❸ 그 용의자는 이번 사건이 자기와는 아무 관계도 없다 / 무심하게 대답했어요.

➡ ______________________________.

❹ 이 과장님은 짜증 나다 / 인상을 찌푸리더니 아무 말도 안 하고 나갔다.

➡ ______________________________.

❺ 노조위원장은 회사 측의 입장을 충분히 이해했다 / 고개를 끄덕였습니다.

➡ ______________________________.

2) 다음 대화를 완성하십시오.

보기
가 : 강아지가 널 보고 좋아했어?
나 : 응, 나를 보고 반갑다는 듯이 꼬리를 흔들었어.

❶ 가 : 그 사람이 내 말을 듣고 이해했을까?
나 : 글쎄요. ____________는다는/ㄴ다는/다는 듯이 고개를 갸웃거리던데요.

❷ 가 : 저 아이한테 왜 네 걸 준 거야? 저 아이가 달라고 해서 준 거야?
나 : ____________는다는/ㄴ다는/다는 듯이 계속 쳐다보길래 그냥 줬어.

❸ 가 : 유치원 선생님 말씀으로는 우리 영수가 미선이를 좋아하는지 계속 따라다닌대요.
나 : ____________다는/ㄴ다는/다는 듯이 영수와는 눈도 마주치지 않던데요.

❹ 가 : 그 사기꾼 점쟁이의 말을 왜 믿었던 거예요?
나 : ____________다는/ㄴ다는/다는 듯이 확신에 찬 태도로 말했거든요.

❺ 가 : 네가 고양이를 만지니까 고양이가 싫어하지 않데?
나 : 가만히 있던걸. ____________다는/ㄴ다는/다는 듯이 눈을 감고 있었어.

제12과 한국인의 여가 생활

1.-기 나름이다

1) 다음 문장을 만드십시오.

보기 얼마나 잘할 수 있느냐는 자기가 노력하다
➡ 얼마나 잘할 수 있느냐는 자기가 노력하기 나름이에요.

❶ 아이의 식습관은 부모가 가르치다

➡ ____________________.

❷ 국민들의 신뢰를 얻는 건 정치인들이 하다

➡ ____________________.

❸ 여행 중에 얼마나 알차게 시간을 보내느냐는 계획을 세우다

➡ ____________________.

❹ 인생에서 행복과 불행은 생각하다

➡ ____________________.

❺ 80세가 넘었는데도 30대 못지않은 체력을 유지하는 걸 보면 건강은 관리하다

➡ ____________________.

2) 다음 대화를 완성하십시오.

보기 가 : 집이 작은데 어떻게 하면 넓게 쓸 수 있을까요?
나 : 그건 버려지는 자투리 공간을 활용하기 나름이지요.

❶ 가 : 내 실력으로 그 기업에 취직할 수 있을까?

나 : ____________________.

❷ 가 : 직장이 멀어서 지하철 안에서 보내는 시간이 아까워요.

나 : ______________________________.

❸ 가 : 이 제품의 수명은 어느 정도 되나요?

나 : ______________________________.

❹ 가 : 이 집은 관리비가 너무 많이 나올 것 같아요.

나 : ______________________________.

❺ 가 : 이 옷이 너무 화려한데 자주 입을 수 있을까?

나 : ______________________________.

2. -을 줄만 알았지

1) 다음 문장을 만드십시오.

보기 우리 아들은 남의 성공을 부러워하다 / 노력은 안 하니 문제예요.
➡ 우리 아들은 남의 성공을 부러워할 줄만 알았지 노력은 안 하니 문제예요.

❶ 그 사람은 문제가 생길 때마다 회피하다 / 적극적으로 해결하려고 하지는 않아요.

➡ ______________________________.

❷ 모두들 다른 부서에 책임을 떠넘기다 / 책임지려는 사람은 없었습니다.

➡ ______________________________.

❸ 똥 묻은 개가 겨 묻은 개 나무란다고 걔는 남의 잘못을 지적하다 / 자기 잘못을 볼 줄은 모르더라.

➡ ______________________________.

❹ 맨날 집안을 어질러 놓다 / 단 한번도 청소를 하는 법이 없어.

➡ ______________________________.

❺ 후보들은 선거 때마다 공약을 내놓다 / 지키지는 않으니 국민들의 불신이 커졌던 것이다.

➡ ______________________________.

2) 다음 대화를 완성하십시오.

보기
가 : 커피를 자주 드시는데 커피 맛을 잘 아시나 봐요.
나 : 커피를 마실 줄만 알았지 커피 맛에 대해선 잘 몰라요.

❶ 가 : 월급을 많이 받으시니 그동안 돈을 꽤 모으셨겠어요.

나 : ______________________________.

❷ 가 : 아드님 방에 책이 정말 많네요. 책을 많이 읽나 봐요.

나 : ______________________________.

❸ 가 : 운전을 그렇게 오래 했는데 차에 대해서 잘 알지?

나 : ______________________________.

❹ 가 : 이 과장은 좀처럼 일을 마무리하는 법이 없네.

나 : ______________________________.

❺ 가 : 난 지금까지 정훈이가 친구들한테 밥 사는 걸 본 적이 없어.

나 : ______________________________.

제13과 기업과 사회

1. -다시피 하다

1) 다음 문장을 만드십시오.

> **보기** 요즘 시험공부를 하느라고 도서관에 살다
> ➡ 요즘 시험공부를 하느라고 도서관에 살다시피 해요.

❶ 시간이 없어서 점심을 굶다

➡ ____.

❷ 눈이 와서 자동차들이 기어가다

➡ ____.

❸ 부모님이 바쁘셔서 할머니께서 나를 키우다

➡ ____.

❹ 오랜만에 만난 친구와 얘기하느라고 밤을 새우다

➡ ____.

❺ 수정할 내용이 너무 많아서 논문을 새로 쓰다

➡ ____.

2) 다음 대화를 완성하십시오.

> **보기** 가 : 요즘 회사일이 그렇게 많아요?
> 나 : 네, 일이 너무 많아서 요즘 회사에서 살다시피 해요.

❶ 가 : 한국의 고등학교 3학년 학생들은 그렇게 열심히 공부한다면서요?

나 : 네. __________________________________.

❷ 가 : '그 친구는 어제도 너희 집에서 자고 갔다면서?

나 : 응. ________________.

❸ 가 : 남편이 만든 음식이 싱거워서 못 먹겠다더니 지금 간 맞추시는 거예요?

나 : 네. ________________.

❹ 가 : 네가 동생 숙제를 많이 도와준다고 들었어.

나 : 네. ________________.

❺ 가 : 이번에 집수리하셨다면서요? 많이 고치셨어요?

나 : 네. ________________.

2. -을 법하다

1) 다음 문장을 만드십시오.

보기 다섯 번이나 떨어지면 포기하다 / 다시 도전한다니 대단하네요.
➡ 다섯 번이나 떨어지면 포기할 법한데 다시 도전한다니 대단하네요.

❶ 매일 똑같은 음식을 먹으면 질리다 / 여전히 잘 먹는군요.

➡ ________________.

❷ 그런 실력을 갖추고 있으면 좋은 곳에 취직하다 / 아직도 취직을 못했어요?

➡ ________________.

❸ 많은 청중들 앞에서 발표를 하면 떨리다 / 아주 침착하게 잘 하시네요.

➡ ________________.

❹ 유명한 배우들이 총 출연했으니 성공하다 / 왜 흥행에 참패했을까?

➡ ________________.

❺ 그렇게 말했으면 알아듣다 / 영 못 알아들은 눈치예요.

➡ ________________.

2) 다음 대화를 완성하십시오.

> **보기**
> 가 : 70%나 할인을 하는데 왜 이렇게 사람이 없지요?
> 나 : 그렇게 많이 할인을 하면 사람이 많을 법 한데 참 이상하군요.

❶ 가 : 최종 합격자 명단에 미선 씨 이름이 없었다면서요?

나 : 네. ______________________________.

❷ 가 : 우리 선생님은 같은 질문을 여러 번 해도 전혀 짜증을 안 내세요.

나 : 그래요? ______________________________.

❸ 가 : 요즘 날마다 하루에 운동을 1시간 씩 하는데도 살이 안 빠지네요.

나 : 이상하네요. ______________________________.

❹ 가 : 영수 씨는 5년 전에 헤어진 애인을 아직도 잊지 못하고 있대요.

나 : 와, ______________________________.

❺ 가 : 저희는 맞벌이 부부인데 남편이 전혀 집안일을 거들어 주지 않아요.

나 : 네? ______________________________.

제14과 꿈을 이룬 사람

1. -는 한

1) 다음 문장을 만드십시오.

보기 노력하지 않다 / 기회가 와도 잡을 수 없을 것이다.
➡ 노력하지 않는 한 기회가 와도 잡을 수 없을 것이다.

❶ 특별한 변수가 없다 / 다음달 1일에 출국할 겁니다.

➡ ______________________________.

❷ 인터넷이 존재하다 / 새로운 형태의 범죄는 끊임없이 생겨날 거예요.

➡ ______________________________.

❸ 이 약을 복용하다 / 증세가 나빠지지는 않을 겁니다.

➡ ______________________________.

❹ 내가 먼저 손을 내밀지 않다 / 그는 나를 도와주지 않을 거예요.

➡ ______________________________.

❺ 부모가 먼저 모범을 보이지 않다 / 아이가 달라지는 것을 기대할 수 없어요.

➡ ______________________________.

2) 다음 대화를 완성하십시오.

보기 가 : 할아버지께서 많이 편찮으셔?
나 : 응. 수술하지 않는 한 완치가 안 된대.

❶ 가 : 혼자 타지에서 생활하면 외롭지 않을까요?

나 : ______________________________.

❷ 가 : 즘은 취직하기가 하늘의 별 따기라지요?

나 : 네. ______________________________.

❸ 가 : 정훈 씨가 심한 술버릇 때문에 여자 친구와 헤어졌다면서요?

나 : ______________________________.

❹ 가 : 시장 상인들이 결식 아동들을 위해 써 달라며 5천만 원을 아동후원단체에 기부했다는 기사 봤어요?

나 : 네. ______________________________.

❺ 가 : 종이 신문을 읽는 사람이 눈에 띄게 줄었는데 이러다가 종이 신문이 사라지지 않을까요?

나 : ______________________________.

2. -되

1) 다음 문장을 만드십시오.

> **보기** 이 책상을 사용하다 / 컴퓨터 외에 다른 물건은 손대지 마세요.
> ➡ 이 책상을 사용하되 컴퓨터 외에 다른 물건은 손대지 마세요.

❶ 음악을 듣다 / 다른 사람에게 피해가 가지 않도록 하세요.

➡ ______________________________.

❷ 약을 복용하다 / 음식 조절도 병행해야 나을 수 있습니다.

➡ ______________________________.

❸ 댓글을 달다 / 남을 비방하는 말은 삼가세요.

➡ ______________________________.

❹ 여유 자금을 투자하다 / 철저히 알아보고 하세요.

➡ ______________________________.

❺ 투표로 결정하다 / 과반수 이상이 찬성해야 합니다.

➡ ____.

2) 다음 대화를 완성하십시오.

보기 가 : 사감 선생님, 저녁에 외출해도 되나요?
나 : <u>외출하되 10시 전에는 들어오도록 하세요.</u>

❶ 가 : 토론 주제는 자유롭게 정해도 됩니까?

나 : ____.

❷ 가 : 인터뷰 때 아무 질문이나 해도 됩니까?

나 : ____.

❸ 가 : 사무실이 더운데 에어컨을 켜도 될까요?

나 : ____.

❹ 가 : 사고 소식을 부모님께도 알려야겠지요?

나 : ____.

❺ 가 : 아이를 혼낼 때는 어떻게 하는 것이 좋습니까?

나 : ____.

제15과 환경과 생활

1. -을뿐더러

1) 다음 문장을 만드십시오.

보기
주가변동을 예측하는 건 쉽지 않다 / 예측대로 되리라는 보장도 없다.
➡ 주가변동을 예측하는 건 쉽지 않을뿐더러 예측대로 되리라는 보장도 없다.

❶ 음식물 쓰레기는 악취도 심하다 / 쉽게 벌레가 생기기 때문에 분리수거를 철저히 해야 해요.

➡ ______________________________.

❷ 그런 약들은 치료에 별로 도움이 되지 않다 / 부작용을 초래할 수도 있습니다.

➡ ______________________________.

❸ 배경지식도 없다 / 용어도 익숙하지 않아서 그 책을 한 번 읽고 이해하기는 힘들어요.

➡ ______________________________.

❹ 그 노선은 승객이 거의 없다 / 다른 버스 노선과 겹치기 때문에 변경하기로 한 것입니다.

➡ ______________________________.

❺ 그 프로그램으로는 이 문서 파일이 열리지도 않다 / 열리더라도 글자가 깨져서 읽을 수가 없을 겁니다.

➡ ______________________________.

2) 다음 대화를 완성하십시오.

보기
손님 : 이 부츠 어때요?
점원 : 가죽이 부드러워서 신었을 때 발이 편할뿐더러 안에 털이 있어서 따뜻하기 때문에 인기가 많아요.

❶ 가 : 그 휴대폰이 잘 팔리네요.

나 : ____.

❷ 가 : 그 영화는 인기 배우가 나오지 않아서 흥행에 실패한 건가요?

나 : 네, ____________________________________.

❸ 가 : 커피숍에서 공부하는 사람이 많아졌어요.

나 : ____.

❹ 가 : 왜 구직자들이 서울 기업에 입사하고 싶어하는 건가요?

나 : ____.

❺ 가 : 왜 일회용품 사용을 줄여야 하나요?

나 : ____.

2. -느니

1) 다음 문장을 만드십시오.

보기 높은 이자를 내면서 돈을 빌려 쓰다 / 안 쓰고 말겠다.
➡ 높은 이자를 내면서 돈을 빌려 쓰느니 안 쓰고 말겠다.

❶ 그 여자와 결혼하다 / 차라리 독신으로 살겠다.

➡ ____.

❷ 이렇게 무작정 대답을 기다리다 / 직접 가서 물어보는 게 어때?

➡ ____.

❸ 그 후보를 뽑다 / 차라리 기권하는 게 낫지.

➡ ____.

❹ 남편의 눈치를 보며 용돈을 받아서 쓰다 / 적은 액수라도 내가 벌어서 마음 편하게 쓰겠다.

➡ ____.

❺ 단품으로 따로따로 주문하다 / 몇 백원이라도 저렴한 세트 메뉴로 주문하자.

➡ ______________________________ .

2) 다음 대화를 완성하십시오.

보기 가 : 이거 수선비가 4만원이라는데 고쳐서 입을까?
나 : 수선비로 4만원이나 들여 고치느니 새로 하나 사겠다.

❶ 가 : 심심한데 저 영화라도 볼까?

나 : ______________________________ .

❷ 가 : 배고픈데 라면이라도 끓여 먹을래?

나 : ______________________________ .

❸ 가 : 계속 적자를 보는데 문을 닫아야겠지요?

나 : ______________________________ .

❹ 가 : 주가가 계속 떨어지고 있는데 펀드를 해도 될까?

나 : ______________________________ .

❺ 가 : 전세값이 집값과 별 차이가 없는데 계속 전세로 살아야 할까?

나 : ______________________________ .

부록

1. 문법 활용연습
▸ 2. 듣기 지문
3. 모범 답안
4. 색인

2. 듣기 지문

제1과 남성과 여성

과제 2

CD 01-1~3

요즘 출산장려 분위기가 확산되면서 육아를 위해 휴직하는 직장인이 늘고 있습니다. 남성 육아 휴직자도 점차 늘고 있는데요. 10년 전에는 100여 명에 불과하던 휴직자가 지난해에는 1400명을 넘어섰습니다. 하지만 이는 전체 육아 휴직자의 2.4%로 여성에 비해 턱없이 낮은 수준입니다.

30대 직장인 민성훈 씨는 2살배기 아들을 위해 6개월 전부터 육아 휴직 중입니다. 한창 일할 나이에 1년이나 휴직을 하는 것이 불안했지만 아내가 이미 두 번이나 육아 휴직을 한 데다가 아이를 돌봐줄 사람이 마땅치 않아 육아 휴직을 결심하게 되었습니다. 하지만 지금은 아이를 돌보면서 이 시간이 무엇과도 바꿀 수 없는 소중한 시간임을 느끼고 있다고 합니다. 아이와 많은 시간을 보내며 아이에 대해 더 많은 것을 알게 되었고 아빠의 역할이 얼마나 중요한지도 새삼 깨닫고 있다고 합니다.

아빠가 양육에 참여하면 아이에게 좋은 영향을 끼친다는 것은 이미 여러 연구를 통해 밝혀진 바 있습니다. 아빠는 바람직한 성 역할 확립에 도움이 될 뿐만 아니라 아빠와 많은 시간을 보내면 아이가 심리적, 정서적으로 더 안정감을 느끼게 됩니다. 그리고 엄마하고 있는 것에 비해 육체적인 놀이를 주로 하게 되어 두뇌도 균형 있게 발달을 하게 되고 적극적이고 사회성이 좋은 아이로 자라게 됩니다. 또한 엄마하고만 시간을 보낼 때보다 자연스럽게 배우게 되는 어휘 수가 많아져 언어 발달에도 좋은 영향을 줍니다.

그러나 이러한 장점이 있음에도 불구하고 현실적으로 남성이 육아에 참여할 수 있는 환경은 그리 좋지 않습니다. 요즘 들어 남성이 육아에 참여하는 게 자연스러워져 '육아는 여성의 몫'이라는 고정관념이 많이 약해지기는 했습니다. 그렇지만 남성이 육아 휴직을 하는 것은 여전히 망설여지는 것이 사실입니다. 남성 직장인에게 '육아 휴직을 할 때 걱정되는 것이 무엇인가'를 조사했는데요. '인사상의 불이익을 받을 것 같다'는 대답이 가장 많았고 '경력에서 뒤처질 것 같아서 불안하다'는 대답도 많았습니다. 그리고 '주변의 시선이 부담스럽다'라는 대답도 상당수 있었던 것으로 보아 여전히 남성의 육아 휴직에 대해 사회적 인식이 긍정적이지만은 않다는 것을 알 수 있었습니다.

제2과 한국의 가족

과제 2

CD 02-3

보통 '한 가구'하면 부모와 자녀로 이루어진 가족을 떠올리기 마련이었는데요. 이제는 혼자 사는 1인 가구가 늘어 전통적인 가구의 개념이 바뀌고 있습니다. 최근 들어 1인 가구가 급속도로 증가하고 있는 원인에 대해 알아보겠습니다.

1980년대만 해도 5인 가구가 대세로, 전체 가구의 50% 정도를 차지했었습니다. 하지만 1인 가구가 점점 늘어나면서 작년에 실시한 인구조사에서는 전체 가구의 약 24%가 1인 가구로 조사되었습니다. 통계청에 따르면 2035년에는 1인 가구가 34%를 넘어설 것이라고 합니다.

1인 가구가 증가하는 원인은 우선, 결혼연령이 갈수록 늦어지는 '만혼화' 현상을 들 수 있습니다. 작년 통계청 조사에 따르면 우리나라 30대 초반 여성 중 29%가 결혼을 안 한 상태라고 하는데요. 이것은 불과 5년 전의 19%에 비해 크게 증가한 수치입니다.

1인 가구가 급증하는 또 다른 이유로는 이혼율의 증가를 들 수 있겠습니다. 한 해 평균 세 쌍이 결혼하면, 한 쌍이 이혼한다는 통계가 있는데요. 특히 고령화가 진행되면서 황혼이혼의 비율도 높아지고 있어 1인 가구는 계속 늘어나는 추세입니다. 황혼이혼이란 결혼한 후 20년 이상을 같이 살아온 사람이 이혼하는 것을 의미합니다.

마지막으로, 길어진 수명으로 인한 고령화도 한 원인으로 분석되고 있습니다. 혼자 사는 65세 이상 노인의 비중이 2035년에는 전체 가구의 45% 정도를 차지할 것으로 예상되는데, 이 중 70대가 약 20%에 이를 것으로 보입니다. 또한 여성의 평균 수명이 남성보다 7년 정도 길기 때문에 혼자 사는 노인 중에 특히 여성의 비중이 커지고 있는 추세입니다.

제3과 대중문화

과제 2

CD 03-3

최근 세계적인 열풍을 일으키며 인기를 끌고 있는 한국의 대중문화는 역사가 그리 길지 않습니다. 일제 강점기와 한국 전쟁을 겪은 한국은 1960년에 들어서야 대중문화에 대한 논의가 이루어지게 됩니다. 하지만 그때의 대중문화는 미국과 일본의 영향을 많이 받았습니다. 일제 강점기 동안 뿌리내린 일본문화와 한국전쟁으로 미군과 함께 유입된 미국문화의 영향으로 한국의 전통문화는 위축되고, 생활양식과 사고방식도 외국식으로 바뀌게 되었습니다. 이때의 대중문화는 외국 문화를 따라하는 단계에 있었다고 할 수 있겠습니다. 그런 상황에서 70년대 들어 비약적인 경제 개발이 이루어지고 라디오, 텔레비전이 보급되면서 사람들은 대중문화를 더욱 쉽게 접할 수 있게 되고 그러면서 그 내용이 점점 다양해졌습니다. 그리고 90년대 이후, 한국의 대중문화는 더욱 자유로운 분위기 속에서 발전하면서 다양한 대중의 입맛에 맞춰 활발하게 생산되었습니다. 이것은 정말 이, 삼십년 전만 해도 상상할 수 없었던 일입니다.

심지어 이제 한국 대중문화는 한국을 넘어 세계인까지 매료시키고 있습니다. 그중에서도 미국의 인기 팝차트 순위를 매기는 빌보드지에서 상위를 차지한 가수 '싸이'의 열풍은 한국 대중문화의 현재 모습을 단적으로 보여주는 예라고 할 수 있습니다. 앞으로 대중들의 입맛에 어떤 변화가 오고 그것에 어떻게 대처하느냐에 따라서 또 달라지겠지만 학창시절, 가요보다 팝송을 더 즐겨 들었던 저 같은 기성세대들은 참으로 세상이 많이 변했다는 것을 새삼 느끼게 됩니다. 그리고 지금 한국의 대중문화는 새로운 전환점에 서 있는 것 같습니다. 인터넷의 발달로 한국의 대중문화는 지역을 초월하여 세계 곳곳으로 퍼져 나가고 있기 때문입니다. 기존의 전통문화가 어느 한 나라와 민족의 특징을 나타냈다면 오늘날의 대중문화는 나라, 민족을 초월한 인간의 보편적인 정서를 나타내며 인기를 끌고 있습니다. 이런 흐름에 맞추어 앞으로 한국의 대중문화도 국가 간의 벽을 허물며 다양하게 생산될 필요가 있겠습니다.

제4과 직업과 적성

과제 2

CD 04-3

기업들의 하반기 공채시즌을 맞아 올해도 어김없이 취업 경쟁이 뜨거워지고 있습니다. 이러한 경쟁에서 살아남기 위해 취업 준비생들은 그 어느 때보다 자신의 스펙을 쌓기 위해 안간힘을 쓰고 있습니다. 그런데 취업 준비생들이 무엇보다도 신경을 써야 할 것은 자신이 지원하려는 기업이 과연 어떤 인재를 원하고 있느냐를 파악하는 것입니다. 대한상공회의소의 조사에 의하면 신입사원을 채용할 때 자사의 인재상에 맞는 사람을 뽑겠다는 기업이 89%를 차지한 반면 스펙을 중요시하겠다는 기업은 11%에 불과했습니다. 이에 따라 전문가들은 구직자들에게 입사하고자 하는 기업의 인재상을 잘 알아보고 그에 맞는 다양한 경험을 쌓아야 한다고 조언하고 있습니다. 많은 기업들이 강조하는 인재상은 창의성과 도전정신을 갖춘 사람입니다. 특히 세계를 무대로 사업을 하는 대기업들의 경우, 창조적 가치관과 도전정신을 가진 인재를 발굴하고 키워 나가는 데 역점을 두고 있습니다. 오성그룹은 창의, 열정, 소통의 가치를 창조하는 사람을 인재상으로 제시하면서, 빠르게 변화하는 기업 환경에 대응하고 한 발 앞서가기 위해, 신입사원을 채용할 때 글로벌 역량, 전문지식, 도전정신을 주요 항목으로 보고 있습니다. 대진그룹도 지난해 '새로운 가치를 창조하는 사람, 새로운 가능성을 실현하는 사람'을 새로운 인재상으로 공개하고, 신입 사원 채용에 적용하고 있습니다. 이렇게 대기업들은 창의와 도전정신을 강조하면서, 학력이나 토익점수가 높고 자격증이 많은 인재보다는 기업에 실질적 도움이 되는 인재를 뽑는 경향이 뚜렷해지고 있습니다. 그에 따라 대기업 채용에서 고졸자들의 비율도 확대되고 있습니다. 이러한 현상에 대해서 대기업 인사부 담당자 김영철 씨는 "출신 학교와 토익점수 등 스펙을 중시해 인재를 뽑는 시대는 지났다"며, "스펙을 쌓더라도 창의성과 도전정신 등 기업의 인재상에 맞는 스펙을 쌓는다면 취업에 도움이 될 것"이라고 말했습니다.

제5과 분단의 현실

과제 2

CD 05-3

사회자 : 네. 지금까지 남한과 북한의 교육, 경제, 문화의 차이에 대한 발표를 들었습니다. 그럼 계속해서 다음 발표를 들어 보도록 하겠습니다.

발표자 : 안녕하세요? 저는 남북한의 언어 차이에 대해서 발표를 하겠습니다. 여러분, '가락지빵, 달린옷, 기름밥, 날래' 같은 단어를 들어 본 적이 있으십니까? 북한에서 사용하고 있는 단어인데요. 우리에게는 좀 낯설지요? 한국전쟁으로 남북이 갈라진 후 서로 다른 정치 체제와 언어 정책의 차이로 남한과 북한에서 사용하는 언어가 달라졌고 60여 년의 세월이 흐르는 동안 거의 교류가 없었기 때문에 그 차이가 더 커졌습니다. 남한은 서울말을 중심으로 한 표준어를, 북한은 평양말을 중심으로 한 문화어를 공식어로 사용하고 있는데요. 같은 한국어를 사용하지만 기준이 되는 지역이 다르기 때문에 억양이나 말투 등이 다르고, 표기법과 발음 등 여러 면에서 차이가 나지만 그 중에서도 가장 큰 차이를 보이는 것은 어

휘 부분입니다.
그럼 남한과 북한의 어휘가 어떻게 다른지 구체적으로 살펴보겠습니다. 우선 의미는 같지만 표현이 다른 경우가 있습니다. 북한은 1949년부터 어려운 한자어와 외래어를 되도록 순우리말로 바꾸어 사용하자는 '말다듬기 운동'이 일어났는데요. 그 결과 많은 어휘가 새로 생겼습니다. '홍수, 애용하다' 같은 한자어는 '큰물, 즐겨쓰다'로, '도넛, 원피스' 같은 외래어는 '가락지빵, 달린옷'으로 씁니다. 그 밖에 남한에서의 '볶음밥'은 '기름밥', '빨리'는 '날래'라고 합니다.
둘째, 같은 형태지만 의미가 다른 경우도 있습니다. 남한에서 '늙은이'라고 하면 부정적인 어감이 있어서 '늙은이' 대신 '노인'을 사용하는데, 북한에서는 '늙은이'에 부정적인 느낌이 없습니다. 또한 '바쁘다'는 남한에서는 '할 일이 많고 시간적 여유가 없다'라는 의미인데 반해 북한에서는 '무엇을 하기 매우 어렵다'는 의미도 있습니다. 그래서 예를 들면, '사람마다 생각이 달라서 의견을 통일하기가 바쁘다'라고 얘기할 수 있습니다.
셋째, 남한과 북한의 체제와 정치, 경제, 문화의 차이로 어느 한쪽에만 있는 단어가 생겼습니다. 남한에만 있는 단어로는 '맞벌이 부부, 새내기' 등이, 북한에만 있는 단어로는 '평양속도, 밥공장' 등이 있습니다.

제6과 기념일과 공휴일

과제 2

CD 06-3

사회자: 요즘은 국가가 지정한 기념일 이외에 젊은이들 사이에서 새롭게 만들어진 기념일들이 많다고 하는데요. 밸런타인데이나 화이트데이, 빼빼로데이 같은 날은 기성세대들도 챙길 정도로 널리 알려져 있지만 삼겹살데이, 오이데이 같이 새롭게 생긴 기념일들은 저도 금시초문인데 여러분들은 알고 계셨나요?

여자 1: 네, 사회자께서 방금 말씀하신 삼겹살데이나 오이데이는 들어 본 적이 있어요. 하지만 챙긴 적은 없어요. 그런데 그 밖에 제가 모르는 기념일들도 굉장히 많다고 들었어요. 이런 기념일들을 누가 다 만드는건지 모르겠어요.

남자 1: 저는 여자 친구가 기념일들을 잘 챙기는 편이라서 꽤 많이 알고 있기는 하지만 이런 날들이 도대체 무슨 의미가 있는지는 모르겠어요. 솔직히 좀 피곤해요.

사회자: 네, 그렇군요. 그럼 오늘 토론에서는 이런 새로운 기념일에 대한 여러분들의 의견을 자유롭게 들어 보도록 하겠습니다. 우선 이런 기념일들이 우리 생활에 어떤 영향을 끼친다고 생각하십니까?

여자 2: 저는 무미건조한 현대인들의 삶에 활력소를 준다는 점에서 이런 기념일들이 긍정적인 역할을 하고 있다고 생각해요. 하루하루 다람쥐 쳇바퀴 돌 듯 생활하는 우리 직장인들은 한 달에 한 번 정도 이런 기념일들을 챙기며 잠깐이라도 숨을 돌릴 수 있지 않을까요?

남자 1: 뭐, 그런 점도 있지만 그렇게 즐기기에는 너무 과하다 싶을 정도로 기념일들이 많아요. 지금도 중고등학생들 사이에서는 계속해서 자기들끼리 기념일을 만들어내고 있다고 해요. 그날들을 챙기려면 시간과 비용이 드는데 그건 쓸 데 없는 낭비가 아닐까요?

여자 1: 저도 그 의견에 찬성해요. 가령 밸런타인데이만 해도 남자 친구가 없는 저는 회사 동료나 상사들에게 초콜릿을 선물하는데 그 비용이 만만치 않거든요. 빼빼로데이는 또 어떻고요. 남자 친구도 아닌 사람들에게 이렇게까지 해야 할 필요가 있나 싶기도 해요. 그런데 이런 날들이 사실은 기업의 마케팅 전략 때문에 생겼다고 하니 우리들이 그런 전략에 이용당하고 있다는 생각도 들어요.

남자 2: 다른 날들은 모르겠지만 밸런타인데이 정도는 괜찮지 않나요? 다른 날들에 비해 역사도 오래돼서 이젠 거의 모든 사람들이 알고 있는 날이잖아요? 이런 기념일을 핑계 삼아 좋아하던 사람에게 고백도 할 수 있고요.

여자 2: 맞아요. 저도 아기자기한 기념일들을 챙기면서 남자 친구하고 더 재미있게 데이트도 할 수 있고, 처음 입사했을 때 서먹서먹했던 직장 동료나 상사들하고도 많이 친해졌어요.

남자 1: 저는 오히려 여자 친구하고 데이트하면서 기념일 때문에 싸울 때가 있어요. 저는 기념일을 챙긴다고 챙겼는데 여자 친구는 만족해하지 않고 불평을 하더라고요. 같이 즐기며 지내야 할 기념일이 무슨 숙제처럼 느껴질 때가 한두 번이 아니에요. 솔직히 기념일이 다가오면 부담스러워요.

사회자: 아, 즐거운 기념일이 오히려 스트레스가 될 수도 있네요. 반면 원만한 인간관계를 위해선 좋은 기회가 될 수 있다는 분도 계시고요. 여러분들의 말씀을 들어보니 기념일 문화는 이렇게 긍정적인 면과 부정적인 면의 양면성이 있군요. 그럼 다음으로는 이런 다양한 기념일들이 많이 생기고 있는 원인과 배경에 대해서 이야기해 볼까요?

제7과 현대인과 도시 생활

과제 2

CD 07-3

현대인의 삶은 경쟁과 긴장의 연속입니다. 그래서인지 현대인들은 늘 몸이 무겁고 피곤한데요. 조금 무리했다고 바로 지치고, 쉬어도 회복이 안 된다면 '힐링'이 필요합니다.

그렇다면 '힐링'이란 무엇일까요? '힐링'은 마음을 편하게 갖는 것과 함께 스트레스의 근본 원인을 찾아서 신체적인 건강을 함께 챙기는 것을 말합니다.

'힐링'의 방법으로 가장 기본적인 것은 '명상'입니다. 최근에는 명상이 정신 건강에 긍정적인 효과가 있다는 것이 알려지면서 명상을 하는 사람들이 늘고 있습니다. 한 대학 병원의 연구에 의하면 명상을 한 결과, 스트레스 지수는 50% 이상 낮아졌고 쾌락을 느낄 때 나오는 호르몬인 도파민 수치가 높게 나타났다고 합니다. 명상은 마음을 다스려서 병의 원인이 될 수 있는 스트레스를 최소화할 수 있기 때문에 힐링을 말할 때 빠지지 않는 방법입니다.

다음으로 '템플스테이'라고 불리는 '산사 체험 프로그램'을 들 수 있는데 이것은 최근 몇 년 사이에 큰 인기를 끌고 있으며 외국인 관광객들도 종종 참여한다고 합니다. 복잡한 세상살이에서 잠시 벗어나 산사의 자연 속에서 새 소리, 개울물 소리, 바람 소리를 듣고, 달과 해가 뜨는 것을 보면서 절제된 생활을 합니다. 그러면서 마음을 비우고 평안을 얻을 수 있습니다.

혼자 떠나는 여행도 추천할 만한 힐링 방법입니다. 특히 절대적으로 고독함을 느낄 수 있는 여행이라면 더 좋습니다. 말이 통하지 않는 곳으로 여행을 가면 기본 인사나 가격을 묻는 정도의 짧은 대화 외에는 말할 필요가 없기 때문에 일상에서 사람들로 지친 머리를 완전히 식힐 수 있습니다. 한편으로는 낯선 사람과 이야기해야 하고 살아남기 위한 기본적인 행동과 의사전달이 중요해지기 때문에 평소와는 다른 차원의 스트레스도 뒤따릅니다. 그래서 일상적으로 사용하여 지쳤던 뇌의 기능은 쉬게 되고, 잘 사용하지 않던 부분이 자극을 받게 됩니다. 게다가 새로운 풍경과 문화가 계속 흥미를 끌기 때문에 여행을 하다가 보면 마음에 담고 있던 고민들도 작아질 가능성이 높습니다. 무엇보다도 자기 자신과의 대화가 늘어나므로 그 과정을 통해 마음의 치유를 얻을 수 있습니다.

제8과 한국의 교육

과제 2

CD 08-3

여러분, 숲 유치원을 아십니까? 숲 유치원이란 자연에서 찾은 새로운 대안 교육의 일종입니다. 다시 말해 아이들이 사계절 내내 숲에서 자유롭게 활동하며 오감을 모두 동원해 자연을 만지고, 보고, 느끼도록 하는 교육활동입니다. 숲 유치원의 유래는 스웨덴에서 일어난 자연친화 교육에서 찾을 수 있는데요. 북유럽에서는 이미 활발하게 운영되고 있으며 독일의 경우 1980년대 후반에 그 교육적 효과를 인정받아 정식 유아교육기관이 되었고, 현재 천여 개의 숲 유치원이 있습니다. 우리나라에는 도입된 지 3년 정도가 되었는데, 아이들의 창의력과 자립성을 제대로 길러주지 못하는 현재의 교육에 실망을 한 부모들의 관심이 높아지면서 최근 숲 유치원을 찾는 학부모들이 점점 많아지고 있습니다.

숲에서는 정해진 놀이도 장난감도 없습니다. 아이들은 자유롭게 숲을 돌아다니면서 무언가를 찾아내고 그것이 놀이로 발전하지요. 그 과정에서 자발적으로 의견을 말하고 양보하거나 타협하기도 하면서 사회성과 자립심이 길러집니다. 숲 속의 모든 것은 아이들의 장난감이 되는데요. 나뭇가지나 꽃잎, 흙, 돌멩이 등은 아이들의 상상력을 통해 날마다 새로운 놀잇감으로 바뀝니다. 비와 눈, 바람과 같은 날씨의 변화도 흥미로운 놀잇감이 되겠지요? 그렇기 때문에 책을 통해 사물을 배우는 경우보다 상상력과 창의력이 풍부해지고 표현력이 발달하게 됩니다. 그리고 무엇보다 온몸으로 자연을 느끼고 체험하면서 인간과 자연과의 관계, 자연의 소중함을 알게 된다는 것이 숲 유치원이 주는 가장 큰 효과가 아닐까 싶습니다.

숲 유치원에 다니는 아이들은 물론 학부모들의 반응도 매우 좋습니다. 폭력적이던 아이가 숲 유치원에 다닌 후부터 순해졌다며 만족해하는 학부모가 있었습니다. 유아기에는 넘치는 에너지를 제대로 조절하지 못해 폭력성을 갖게 되는 경우가 많은데 숲에서 마음껏 뛰어놀며 에너지를 소모하니 자연스럽게 폭력성이 줄고 정서적으로도 안정이 된 것이지요. 또 다른 부모는 아토피 피부염으로 고생하던 딸이 숲 유치원에 다닌 지 6개월이 지나자 피부가 좋아지기 시작했고 사물을 보는 관찰력도 늘었다며 숲 유치원을 선택한 것이 옳았다고 했습니다.

제9과 개인과 사회

과제 2

CD 09-3

진행자: 오늘 사람과 사람 코너에서는 기부문화가 확산되고 있는 요즘 평생 고생하며 모은 전 재산을 대학교에 기부하신 분이 계셔서 모셔봤습니다. 김순진 할머니가 그 주인공이신데요. 지난 14일 형편이 어려운 학생들을 위해 써 달라며 전 재산을 한국대학교에 기부하셨습니다. 어르신, 안녕하세요?

김순진: 네, 안녕하세요? 이런 자리가 처음이라서 많이 긴장되는데요.

진행자: 그냥 편하게 말씀해 주시면 됩니다. 이번에 한국대학교에 기부하시기로 한 금액이 100억 원대의 재산이라고 들었습니다. 아들, 손자도 있으실 텐데 참 어려운 결심을 하셨네요.

김순진: 기부를 결정하는 데는 별로 망설일 것도 없었어요. 평소에 나보다 어려운 사람들을 돕고 살자는 게 우리집의 가훈이었고 이번에 그걸 실천하게 된 거뿐이랍니다. 가족들도 그런 제 뜻을 흔쾌히 이해해 줬고요.

진행자: 그렇군요. 그런데 대학교에 기부를 하시게 된 특별한 이유가 있으신 건가요?

김순진: 제가 젊었을 때 돈 버느라 공부를 못했어요. 그런데 그게 그렇게 한이 되더라고요. 요즘 비싼 등록금 때문에 공부하랴 아르바이트하랴 고생하는 학생들을 보면 참 안쓰러워요. 돈 때문에 학업을 포기하는 학생들을 보면 더욱 안타까운 마음이 들고요. 그래서 저 같은 사람이 다시는 나오지 않았으면 하는 마음에서 학교에 기부를 하기로 결심했어요.

진행자: 그런데 어떻게 그렇게 큰돈을 모으셨어요? 큰 사업을 하신 것도 아니시라면서요?

김순진: 사실 한국전쟁 중에 고향 황해도를 떠나 서울에 왔을 때는 이불 한 채밖에 없었지요. 그래서 먹고 살려고 지난 60여 년 동안 온갖 장사에 안 해 본 일이 없어요. 버스비를 아끼려고 네다섯 정거장 되는 거리를 매일 걸어 다녔고요. 그렇게 한 푼 두 푼 모은 돈을 부동산에 투자했고 그렇게 모은 돈이 어느덧 이렇게 큰돈으로 늘어나게 되더라고요.

진행자: 정말 고생하시면서 모으신 돈을 이렇게 흔쾌히 기부하시다니 고개가 숙여집니다.

김순진: 아무쪼록 어려운 학생들에게 도움이 되어 이 나라의 훌륭한 일꾼을 키우는 데 일조한다면 더 바랄 게 없겠어요.

진행자: 네, 정말 대단하십니다. 기부를 받은 한국대학교 측도 어르신의 귀한 뜻을 잘 받들어 의미 있게 기부금을 쓸 것이라고 생각합니다. 오늘 이렇게 나와 주셔서 정말 감사드립니다.

제10과 전통과 문화유산

과제 2

CD 10-3

안녕하십니까? 오늘 강의를 맡은 서울박물관 관장 정현수입니다. 오늘은 한국의 무형문화재에 대해서 말씀드리겠습니다. 무형문화재란 연극, 음악, 무용, 기술, 놀이 등과 같이 형태를 갖고 있지 않은 문화재로 예술적, 역사적 가치가 큰 것을 말합니다. 이번 시간에는 한국의 여러 무형문화재 중 유네스코 인류무형문화유산으로 지정된 판소리와 강강술래, 줄타기에 대해서 알아보겠습니다.

그럼 사진을 보면서 하나씩 살펴봅시다. 이 장면은 한번쯤 본 적이 있으시지요? 네. 제가 처음으로 말씀드릴 문화재는 판소리입니다. 판소리는 한 명의 소리꾼이 고수, 즉 북치는 사람의 장단에 맞추어 소리, 말, 몸짓을 섞어 구연하는 일종의 1인 오페라라고 할 수 있습니다. 판소리가 발생할 당시에는 열두 마당이 있었으나 현재 남아 있는 춘향가, 심청가, 흥보가, 수궁가, 적벽가의 다섯 마당이 중요무형문화재로 지정되었습니다. 판소리는 삶의 희로애락을 해학적으로 음악과 함께 표현하며 청중도 공연에 참여한다는 특징이 있습니다. 또한 모든 계층이 두루 즐기는 예술로, 판소리를 통해 양반층과 서민층이 서로의 생각을 알 수 있었다는 점에서 사회적 조절과 통합의 기능을 담당한 것으로 평가됩니다.

다음 사진을 보시죠. 무엇인지 아시겠습니까? 이것은 강강술래라는 한국 특유의 여성놀이인데요. 정월대보름이나 추석에 마을 여자들 여럿이 모여 서로 손을 잡고 원형으로 서서 돌면서 '강강술래'라는 노랫말을 되풀이합니다. 노래의 빠르기에 따라 춤의 속도도 달라지는데 보통 느리게 시작해서 점점 빠르게 변합니다. 강강술래는 풍작과 다산을 기원하는 놀이이며 초저녁에 달이 뜰 때 시작하여 밤늦게까지 계속됩니다.

자, 다음은 줄타기입니다. 줄타기는 줄 위에서 광대가 이야기와 노래를 하며 재주를 부리는 것입니다. 단오나 추석 등의 명절이나 국가 행사가 있을 때 행해졌고요. 줄을 타는 것이 다소 위험할 수 있기 때문에 행사의 안전을 비는 고사로 시작됩니다. 줄 타는 기술이 중심이 되는 외국의 줄타기와 달리 한국의 줄타기는 광대가 줄을 타면서 노래와 이야기를 함께 합니다. 또한 관객들이 광대의 말에 대답을 해 주거나 공감이 가는 말에 맞장구를 치는 등 공연하는 사람과 구경하는 사람이 어우러져 즐긴다는 특징이 있습니다.

제11과 과학의 발전

과제 3

CD 11-3

누구나 한번쯤은 짧은 시간 동안 몰아쳐서 일을 끝냈던 벼락치기의 경험이 있을 겁니다. 시험을 앞둔 학생, 원고 마감 날짜가 코앞에 닥친 기자, 많은 양의 대본을 한꺼번에 외워야 하는 배우들은 벼락치기 경험이 더욱 많을 것이고요. 미리 하려고 해도 진도가 안 나가 미루던 공부나 일을, 시험이나 마감이 임박하여 해치우고 나면 짜릿한 성취감까지 느끼게 되지요. 평상시와는 달리 빠듯한 시간 안에 긴장한 상태로 일하거나 공부할 때 집중력이 높아지고 일도 더 잘 되는 이유는 과연 무엇일까요?

마감 때마다 벼락치기가 일상이 된 신문 기자의 뇌를 관찰한 결과, 마감 시간이 다가올수록 스트레스의 강도가 높아져 뇌가 긴장해 깨어 있게 되는데 전문가들은 이를 '마감 증후군'이라고 합니다. 글을 쓰거나 시험을 보는 경우, 막판에 몰렸을 때 받는 스트레스가 인지 기능을 높이는 것입니다. 즉, 스트레스로 인해 근육의 힘이 강해진다거나 집중력이 높아지는 건데요. 우리가 스트레스를 받으면 뇌의 명령으로 스트레스 호르몬이 분비됩니다. 이 호르몬이 분비되면 심장박동이 빨라지고 혈압이 상승될 뿐만 아니라 뇌가 깨어 있는 상태가 되기 때문에 고도의 집중력을 발휘할 수 있게 되는 것이지요. 즉, 벼락치기의 힘은 스트레스로 인한 각성 효과에서 나온다고 할 수 있습니다. 적당한 스트레스가 일의 능률을 높일 수 있는 겁니다.

그런데 이런 벼락치기가 좋기만 한 건 아닙니다. 한 중학교에서 시험이 끝난 며칠 후 시험 문제를 조금씩 바꿔 재시험을 본 결과, 벼락치기를 한 과목은 그렇지 않은 과목에 비해 점수가 크게 떨어진 것으로 나타났습니다.

그 이유는 다음과 같습니다. 기억은 크게 입력, 저장, 출력의 3단계로 이루어집니다. 어떤 정보가 장기 기억으로 저장되려면 뇌의 특정 부위가 오래 자극을 받아야 하는데 이때 반복이 중요한 역할을 합니다. 입력된 정보는 반복이 되지 않으면 점차 사라지게 되지요. 우리가 벼락치기를 할 때에는 집중력이 좋아져서 많은 정보를 입력시킬 수 있습니다. 하지만 한꺼번에 많은 정보가 들어오기 때문에 제대로 저장이 되지는 않습니다. 벼락치기는 촉박한 시간 안에 다량의 정보를 입력하는 것이기 때문에 반복의 과정은 부족한 경우가 많습니다. 그렇기 때문에 벼락치기를 통해 받아들인 정보는 대부분 오래 기억되질 못하는 것이지요. 또한 스트레스 호르몬은 장기 기억에 방해가 됩니다. 미국 캘리포니아 대학의 연구 결과에 따르면 건강한 사람에게 스트레스 호르몬을 투여했더니 기억력이 현저하게 떨어졌다고 합니다. 이 때문에 과도한 스트레스를 계속 받게 되면 기억력은 오히려 떨어지게 되는 것입니다.

제12과 한국인의 여가 생활

과제 2

CD 12-3

조선 시대의 사대부들은 여가 생활의 풍류를 즐겼습니다. 이번 시간에는 그들의 생활상을 그린 작품들을 통해 조선 시대, 특히 조선 후기 사대부들의 여가에 대해 알아보기로 하겠습니다.

첫 번째 그림은, 1740년에 그려진 겸재 정선의 〈독서여가도〉로 조선 후기 선비들의 멋스러운 삶을 보여 주는 대표적인 작품입니다. '겸재 정선'하면 산수화가 먼저 떠오르시지요? 아시다시피 겸재 정선은 조선의 산과 하천을 있는 그대로 그리는 진경산수화라는 화법을 개발하여 한국 미술사와 후대 미술에 큰 영향을 끼친 인물입니다. 그가 그린 이 〈독서여가도〉는 인왕산 자락에 있는 자택에서 쉬고 있는 화가 자신의 모습을 그린 것으로 추정됩니다. 조선 시대 사대부의 편안한 일상과 여가 생활을 단적으로 보여 주는 작품이라 하겠습니다. 그림 속 인물은 한가롭게 마당에 놓인 화분 속의 꽃을 감상하고 있습니다. 부채를 들고 비스듬하게 앉아 있는데도 조금도 흐트러짐 없는 차림입니다. 이런 자세와 방 안에 깔끔하게 정돈되어 있는 책들, 집 뒤에 서 있는 소나무의 붉고 푸른 빛 등은 유교적 규범을 철저히 따르는 집 주인의 강건한 심성을 표현하는 듯합니다. 독서를 하고 난 후 꽃을 바라보면서 여가를 즐기고 있는 선비의 모습은 한여름의 무더위도 잊은 듯이 보입니다.

다음은 당대 최고의 풍속 화가로 알려져 있는 신윤복의 작품입니다. 〈임하투호〉라는 작품으로 나무 아래에서 사람들이 투호를 하는 모습을 그린 것입니다. 투호는 일정한 거리에 항아리를 놓고 사람들끼리 편을 나누어 화살을 던져 넣는 놀이로 궁중이나 양반집에서 많이 하던 놀이입니다. 이 작품에서는 기녀를 데리고 야외에서 투호놀이를 즐기는 광경을 그리고 있습니다. 투호를 하는 왼쪽 남자 셋은 좀 젊은 편이고 담배를 입에 문 채 뒷짐을 지고 서 있는 수염이 긴 남자는 나이가 좀 많아 보입니다. 화살을 던지려는 젊은이는 갓까지 벗은 채 허리에 맨 끈도 방해가 된다는 듯이 뒤로 돌려 놓고 놀이에 집중하고 있는 모습입니다.

마지막 작품은 고대 바빌로니아나 이집트, 인도 등 세계 각지에서 하던 것으로 알려진 쌍륙놀이를 하는 모습을 그린 〈쌍륙삼매〉로서 이것 역시 신윤복의 작품입니다. 이 놀이는 인도에서 중국을 거쳐 한국에 소개된 걸로 알려져 있는데 백제에서 널리 유행했다고 합니다. 쌍륙놀이란 주사위 두 개를 던져 모두 6이 나와야 이길 확률이 높다고 하여 쌍륙으로 부르게 된 놀이로, 편을 나누어 차례로 주사위를 던진 후 말을 써서 말이 먼저 궁에 들어가면 이기는 놀이인데요. 그림 속에서 놀이에 열중하고 있는 남자는 머리를 많이 써야 해서 열이 나는지 모자까지 벗고 쌍륙판을 뚫어지게 바라보고 있습니다.

제13과 기업과 사회

과제 2

CD 13-3

사회자: 오늘은 두 분의 경제 전문가들을 모시고 자본주의와 대기업이라는 주제로 토론하고 있는데요. 다음으로 토론할 주제는 날로 확장되고 있는 대기업의 골목상권 침해에 대한 것입니다. 한편에서는 대기업들의 문어발식 경영으로 중소기업과 자영업자들의 피해가 커지므로 정부 차원에서 이를 막아 줘야 한다고 주장하고 있고 또 다른 한편에서는 시장경제의 논리 속에서 어쩔 수 없는 일이라는 의견도 있습니다. 이에 대해 자유롭게 의견을 말씀해 주십시오.

여자 1: 오늘날 대기업의 횡포는 그야말로 극에 달했다고 할 수 있습니다. 산업 사회 초기에는 국가 전체의 경제적 이익이 국민들의 이익과 직결됐고 대외무역 활성화를 위해서도 대기업은 국민의 도움과 정부의 보호를 받을 필요가 있었습니다. 또한 그걸 바탕으로 오늘날의 대기업이 만들어질 수 있었던 거고요. 그러나 지금과 같이 이해관계가 다각적으로 얽힌 사회에서 대기업들은 자신들의 현재의 모습이 마치 자기들만이 노력해서 얻은 결과물인 것처럼 생각하고 힘없는 소시민들의 입장은 전혀 생각하지 않는 경영을 하고 있습니다.

남자 2: 하지만 대기업들은 품질 향상에 투자를 해 더 질 좋은 상품을 만들어 내고 있습니다. 그리고 이러한 상품들은 소비자들의 눈높이를 올려주게 되고 중소기업들도 그에 자극돼 더 좋은 상품을 만들기 위해 노력을 할 것입니다. 그야말로 경쟁력이 생기게 되는 거지요. 결과적으로 이들의 경쟁으로 소비자들의 만족도는 높아질 겁니다.

여자 1: 그러나 상대적으로 유리한 조건을 가지고 있는 대기업과 그렇지 않은 중소기업이나 골목상권의 경쟁은 불공평한 대결입니다. 실제로 대기업들이 운영하고 있는 대형할인마트 때문에 시장이나 동네 슈퍼들은 하나 둘씩 사라지고 있습니다. 정부가 나서서 이들의 영업을 규제해서 소상인들이 설 자리를 마련해 줘야 합니다.

남자 2: 소비자들의 입장도 생각해 봐야지요. 아무래도 대기업이 운영하는 마트나 가게들은 값도 저렴하고 품질도 좋으니까 가계 경제를 위해 이익이 된다고 생각합니다. 무조건 소상인들 보호를 위해 정부가 이래라 저래라 간섭하는 게 과연 소비자를 위한 일일까요?

여자 1: 그러나 우리나라는 지나치게 대기업 위주의 경제 정책이 많습니다. 대형마트를 신설할 때 유럽에서는 기존 상권에 영향을 주지 않을 경우에만 허가해 준다고 하는데 한국에서는 등록만 하면 된다고 합니다. 이런 것만 봐도 대기업에 대한 혜택이 너무 많은 것 같지 않나요?

사회자: 두 분의 주장이 팽팽하게 맞서고 있군요. 그럼 이번에는 두 분의 의견에 대해 방청객 여러분의 질문을 받도록 하겠습니다. 자, 질문하시죠.

제14과 꿈을 이룬 사람

과제 2

CD 14-3

진행자 : 다음은 외국에서 성공한 인생을 살고 있는 사람을 소개하는 '세계 속의 한국인' 코너입니다. 이번 주에는 박상우 기자가 미국 샌프란시스코에 살고 있는 김주영 씨를 만나고 왔습니다.

기자 : 미국 최고의 미각 도시인 샌프란시스코에서 직접 만든 수제 치즈로 세계적인 요리사들의 입맛을 사로잡은 한국인이 있다고 해서 다녀왔습니다. 음식 맛이 조금이라도 마음에 안 들면 바로 뱉어 버리는 까다로운 요리사도 김주영 씨의 치즈를 맛보고는 감탄사를 연발했다고 합니다. 김주영 씨의 치즈가 입소문을 타고 널리 알려져 치즈를 찾는 사람들이 많아졌지만 치즈를 만드는 전 과정이 김주영 씨의 손을 거치기 때문에 여전히 혼자 관리할 수 있을 정도의 소량의 치즈만 만들고 있었습니다.

진행자 : 그런데 김주영 씨는 어떻게 치즈를 만들게 되었습니까?

기자 : 김주영 씨는 생명공학을 전공한 과학자였고 스물여섯 살에 공부를 더 하기 위해 미국에 갔습니다. 수제 치즈를 처음 맛본 것은 남편과 같이 갔던 프랑스 여행에서였는데, 치즈를 처음 먹는 순간 '이게 뭔가, 우유에서 어떻게 이런 맛이 나왔을까' 하는 생각이 들었다고 합니다.

진행자 : 원래 하던 일과 전혀 다른 일을 선택한 거군요. 치즈가 생소한 동양인에게는 치즈 만들기가 무모한 도전일 수도 있었을 텐데요. 쉽지 않은 결정이었을 것 같습니다.

기자 : 네. 그런데 여행에서 돌아온 후에도 그 치즈 맛을 잊을 수가 없어서 대학 교수직도 마다하고 과감하게 새로운 선택을 했다고 합니다. 지금 같은 치즈 맛을 내기까지 어려운 일이 많았지만 김주영 씨는 치즈의 냄새를 맡고 치즈를 만져볼 때마다 신이 나고 행복하다고 했습니다.

진행자 : 자기가 좋아하는 일을 하면서 인정까지 받았으니 정말 성공했다고 할 수 있겠군요.

기자 : 그렇지요? 하지만 김주영 씨는 최고가 되어 인정받고 싶다기보다는 그저 치즈를 만들 수 있다는 사실이 행복하다고 하면서 아무리 하찮더라도 사랑하고 관심 있는 일을 하는 삶, '내가 좋아하는 것이 바로 이거야'라고 당당하게 표현할 수 있는 삶이 성공한 삶이 아니겠냐고 말했습니다. 그리고 성공을 원하는 젊은이들에게 '좋아하는 일에 모든 것을 바쳐라. 돈을 쫓지 말고 자존심을 찾아라.'라는 말을 전하고 싶다고 했습니다.

제15과 환경과 생활

과제 2

CD 15-3

오늘은 환경 보호에 적극적인 노력을 기울여 온 덴마크의 환경 보호 사례에 대해 살펴보도록 하겠습니다. 덴마크는 환경 보호에 대한 관심을 적극적인 실천으로 옮기고 있는 몇 안 되는 국가 중 하나로서, 특히 환경에 피해를 주지 않고 이용할 수 있는 신재생 에너지 분야에서 최근 큰 주목을 받고 있습니다. 전 세계의 풍력 발전기, 즉, 바람의 힘으로 에너지를 생산해 내는 발전기 중 40%가 덴마크의 한 기업에서 만든 제품이라고 하는데 이것은 환경 보호에서 덴마크가 다른 나라보다 한 걸음 앞서 있다는 것을 보여 줍니다.

에너지를 절약하고 이산화탄소 배출량을 줄이려는 덴마크 국민들의 노력은 일상생활에서 쉽게 찾아볼 수 있는데요. 정장 차림의 중년 남자부터 10대 학생들까지 코펜하겐 시내에서는 자전거를 탄 사람들을 쉽게 볼 수 있습니다. 코펜하겐 시민 55만 명 중 50%가 자전거로 출퇴근 및 등하교를 하고 있으며, 코펜하겐 주변 지역에서 코펜하겐으로 통근하는 사람들 120만 명 중 35%가 자전거를 이용한다고 합니다. 이는 덴마크 국민들이 환경 보호와 에너지 절약을 얼마나 중요한 가치로 인식하고 있는지를 단적으로 보여 줍니다. 자전거로 출퇴근하는 통근자들 속에 국회의원, 장관, 기업체 사장과 같은 사회 지도층도 포함되어 있는 등 사회적 지위의 고하를 막론하고 다수의 국민들이 환경 보호를 실천하고 있습니다.

이는 어렸을 때부터 에너지의 효율적인 이용과 환경 보호의 중요성에 대해 철저하게 배워 왔기 때문입니다. 학생들이 직접 친환경 에너지를 개발하여 이용해 보는 현장 실습 기회가 많기 때문에 화석 연료 에너지를 아끼고 신재생 에너지의 비중을 늘리는 것이 생활화되어 있습니다.

최근 코펜하겐 시에서는 시민들의 자전거 이용을 독려하고자 자전거 전용 도로를 만들고 넓은 자전거 주차 시설을 마련하였습니다. 특히 자전거 전용 도로는 자동차가 침범하지 못하도록 분리 턱을 만들어 시민들이 안전하고 편리하게 자전거를 이용할 수 있도록 했을 뿐만 아니라 정기적으로 도시 공기의 질을 측정하여 알려줌으로써 환경 보호에 시민들이 적극적으로 참여하도록 유도하고 있습니다. 이러한 정책 덕분에 덴마크 시내의 자동차 수는 여느 도시에 비해 현저히 줄어들었고 도심에서도 사람들이 깨끗한 공기를 마시며 쾌적하게 생활을 할 수 있게 되었습니다.

환경 정책에 적극적으로 동참해 준 국민들 덕분에 현재 덴마크의 에너지 자급률은 거의 100%에 이르고 있으며, 이것은 환경 보호 국가로서의 이미지를 높이는 데에 큰 몫을 하고 있습니다.

부록

1. 문법 활용연습
2. 듣기 지문
▸ 3. 모범 답안
4. 색인

3. 모범 답안

제1과

어휘

1) 가부장적인
2) 남자답지
3) 외조
4) 내조
5) 중성적인
6) 남아선호

문법

1. 2) 실력이 뛰어나긴 뛰어난가 봐.
   3) 좋긴 좋은가 봐.
   4) 돈을 많이 벌긴 벌었나 봐.
   5) 학교 일에 관심이 많긴 많은가 봐.
   6) 인기가 있긴 있나 봐.
2. 2) 아침저녁으로 전화를 하세요?
   3) 아무리 바쁘기로서니
   4) 언니가 잔소리를 좀 했기로서니
   5) 어떻게 평생 하고 싶은 대로만 하고 살겠어요?
   6) 아무리 잔소리가 듣기 싫기로서니

과제 1

01. 생략

과제 2

01.
   1) ❶
   2) · 바람직한 성 역할 확립에 도움이 된다.
      · 적극적이고 사회성이 좋은 아이로 자라게 된다.
      · 언어 발달에도 좋은 영향을 준다.
   3) ❶

02. 생략

과제 3

01. 1) ❹

2)

	과거의 광고	최근의 광고
남성	강하고 무겁고, 능력있는 인물	예쁘고 감성적이며, 가정적인 인물
여성	주로 주부, 어머니, 아내의 역할로 등장	전문직 여성 증가, 세련되고 자신만만한 모습이 나타남

3) ❶

02. 생략

제2과

어휘

1) 1인 가구 2) 한부모 가족 3) 조손 가족
4) 비동거 가족 5) 다문화 가정

문법

1. 2) 이야기를 많이 하기는커녕
   3) 구경을 많이 하기는커녕
   4) 집에서 재미있게 지내기는커녕
   5) 맛있게 만들기는커녕
   6) 제때 먹기는커녕 식사를 못할 뻔했어요.
2. 2) 하는 둥 마는 둥
   3) 듣는 둥 마는 둥
   4) 먹는 둥 마는 둥
   5) 자는 둥 마는 둥
   6) 부르는 둥 마는 둥

과제 1

01. 생략

과제 2

01.
   1) ❷
   2) ❷ 이혼율이 증가하고 있다.
      ❸ 길어진 수명으로 인해 고령화 현상이 나타났다.
   3) ❶ ○ ❷ X ❸ ○

02. 생략

과제 3

01

1) 좋은 배우자가 되겠다는 약속을 적어서 결혼식 때 서로에게 주기 위해서
2) 모든 일을 서로 의논하고 결정하겠다. 다른 남자/여자에게 한눈팔지 않겠다.
3) ❶ X ❷ ○ ❸ X

02 생략

제3과

어휘

1. 1) 영화제 2) 시상식 3) 제작발표회
2. 1) 주연 2) 조연 3) 스턴트맨 4) 카메오

문법

1. 2) 혼수 준비하랴 신혼집 보러 다니랴
   3) 자료 정리하랴 논문 심사 준비하랴
   4) 집안일 하랴 가족들 챙기랴
   5) 회사일 하랴 집안일 하랴
   6) 손님 챙기랴 점원 챙기랴
2. 2) 70%를 할인하면 몰라도
   3) IQ가 140이면 몰라도
   4) 어렸을 때부터 배우면 몰라도
   5) 장학금을 받으면 몰라도
   6) 맞벌이를 하면 몰라도

과제 1

01. 생략

과제 2

01. 1) ❶

2)

시기	내용
1960년대	미국과 일본의 영향으로 전통문화 위축, 외국식 생활양식, 사고방식
1970년대	경제개발로 라디오, 텔레비전 보급, 대중문화 쉽게 접할 수 있게 되고 내용도 다양해짐.
1990년대 이후	자유로운 분위기, 다양한 대중의 입맛에 맞는 문화 생산

3) ❷

02. 생략

과제3

01. 1) ❸

2)

첫째 문단	영화 소개
둘째 문단	영화 내용 (줄거리)
셋째 문단	감상

3) ❶ ○ ❷ ○ ❸ X

02. 생략

제4과

어휘

1) 신체운동능력 2) 수리논리력 3) 언어능력
4) 대인관계능력 5) 자기성찰능력 6) 자연친화력
7) 공간지각능력 8) 창의력

문법

1. 2) 그 나라는 월드컵에서 3연속 우승했건만 이번에는 왜 예선전에서 탈락했을까?
   3) 그는 명문대를 수석 졸업했건만 대기업 입사 시험에서는 낙방했다.
   4) 그는 5선 의원이건만 이번 총선에서는 왜 낙선을 한 걸까?
   5) 국민소득은 작년에 비해 증가했건만 서민 생활 수준은 오히려 뒷걸음을 쳤다.
   6) 그 영화는 세계적 영화제에서 작품상을 수상했건만 국내에서는 찬밥 신세다.

2. 2) 생각 같아선
3) 욕심 같아선 그렇게 하고 싶지요.
4) 요즘 같아선 집값이 너무 비싸서 전세로 집구하기도 힘들어.
5) 마음 같아선 해외로 가고 싶지만
6) 성질 같아선 다 그만두고 싶네요.

과제 1

01. 생략

과제 2

01. 1) ❷

2) ·창의성 (✓) · 소통능력(✓)
·학력 ( ) ·전문지식(✓)
·토익점수 ( ) ·도전정신(✓)
·글로벌역량(✓) ·자격증 ( )
·열정(✓) ·연령 ( )

3) 창의성과 도전 정신을 갖춘 사람

02. 생략

과제 3

01. 1) 회사에 지원하기 위해서
2) ❷
3) ❶ 경력사항 및 특기사항
❷ 지원동기

02. 생략

제5과

어휘

1) 한국전쟁 2) 휴전선 3) 국토분단 4) 이질화
5) 남북회담 6) 이산가족 상봉

문법

1. 2) 그냥 말할 상대가 필요해서 오는 경우도 많아.
3) 치료라기보다는
4) 의사라기보다는
5) 전문 지식이 필요하다기보다는
6) 다 읽는다기보다는 조금씩 맛만 본다고 하는 게 맞아.

2. 2) 짜증을 낼래야 낼 수도 없어요.
3) 마음대로 먹을래야 먹을 수가 없어요.
4) 화장을 안 할래야 안 할 수도 없고
5) 마음대로 만날래야 만날 수가 없어요.
6) 아무데서나 걸을래야 걸을 수가 없어요.

과제 1

01. 생략

과제 2

01. 1) ❸

2)

	남한	북한
1. 의미는 같지만 표현이 다른 경우	홍수, 애용하다, 도넛, 원피스, 볶음밥, 빨리	큰물, 즐겨쓰다, 가락지빵, 달린옷, 기름밥, 날래
2. 같은 형태지만 의미가 다른 경우	'바쁘다'의 의미 : 할 일이 많고 시간적 여유가 없다	'바쁘다'의 의미 : 무엇을 하기 매우 어렵다
3. 남북한 어느 한쪽에만 있는 경우	맞벌이 부부, 새내기	평양속도, 밥공장

3) ❶ × ❷ × ❸ ○

과제 3

01.
1) 철조망, 군사 분계선, 비무장지대, 민통선
2) 북쪽으로 올라간다 : 북상
남쪽으로 내려간다 : 남하
3)

계절	계절의 특징을 나타내는 단어
봄	연녹색, 진달래, 개나리
여름	뻐꾸기, 개구리 소리

가을	황금빛, 코스모스, 단풍
겨울	동치미, 하얗다, 눈보라

02. 남과 북이 하나로 통일되어야 한다.

제6과

어휘

1) 양력설 2) 한글날 3) 현충일 4) 개천절
5) 설날 6) 추석 7) 크리스마스 8) 석가탄신일

문법

1. 2) 햇빛이 잘 들어서 밝고 따뜻해요.
   3) 좀 시끄럽다뿐이지 밤에는 다니는 차가 없어서 조용해요.
   4) 학원만 없다뿐이지 좋은 중고등학교는 여러 개 있어요.
   5) 지하철역이 멀다뿐이지 집 앞에 버스 정류장이 있어서 괜찮으실 거예요.
   6) 비싸다뿐이지
2. 2) 시민 광장을 건설한답시고 시내 한가운데 광장을 만들었는데 도시 미관이 훼손됐어요.
   3) 주택 개발을 한답시고 고층 아파트 단지를 건설해서 극심한 교통체증을 초래했어요.
   4) 재래시장을 활성화한답시고 대형마트 영업을 규제했는데 소비자들만 불편을 겪고 있습니다.
   5) 시민들의 문화생활을 지원한답시고 비싼 외국 공연을 유치했지만 오히려 적자가 났대요.
   6) 지역 환경을 개선한답시고 노점상을 철거해서 빈곤층의 생활이 더욱 악화됐습니다.

과제 1

01. 생략

과제 2

01. 1) ❸
    2)

긍정적인 의견	부정적인 의견
·현대인들의 삶에 활력소를 준다. ·기념일을 핑계 삼아 좋아하던 사람에게 고백을 할 수 있다. ·남자 친구하고 더 재미있게 데이트도 할 수 있다. ·서먹서먹했던 직장 동료나 상사들하고도 친해질 수 있다.	·시간낭비이다. ·비용낭비이다. ·기업의 전략에 이용당하는 것이다. ·기념일 챙기기가 부담스럽다.

3) ❶ × ❷ × ❸ ○ ❹ ○

02. 생략

과제 3

01. 1) ❸
    2)

첫째 법칙	50년 단위로 끊어 기념 앨범을 제작한다.
둘째 법칙	여러 작곡가의 기념일이 겹칠 때 좀 더 유명한 사람이 살아남는다는 것이다.
셋째 법칙	작곡가의 기념일이 있는 해와 역사적으로 중요한 의미가 있는 해가 겹치면 그 작곡가는 더욱 부각되고 강조된다.

3) ❷

02. 생략

제7과

어휘

1) 쫓기게 2) 간편해졌지만 3) 빠듯하다
4) 분주하게 5) 지쳐서

문법

1. 2) 못 끝낸 채
   3) 입은 채/갈아입지 못한 채
   4) 낀 채/쓴 채
   5) 켜 놓은 채
   6) 올려놓은 채
2. 2) 점심이라도 제대로 먹으면 좋으련만
   3) 일이 많아서 제시간에 퇴근할 수가 없네요.
   4) 좀 한가한 동료가 있으면 도와 달라고 부탁하련만
   5) 괜찮은 집이 있으면 이사하련만

6) 보너스라도 넉넉히 받는다면 그 동네 원룸을 알아보련만 지금 제가 가진 돈으로는 그 동네로 이사 갈 수 없어요.

과제 1

01. 생략

과제 2

01. 1) ❹

2)

방법	효과
명상	스트레스를 낮춤.
산사 체험 프로그램	마음을 비우고 평안을 얻을 수 있음.
혼자 떠나는 여행	자기 자신과의 대화가 늘어 치유 이/가 됨.

3) ❶ ○ ❷ ○ ❸ X

02. 생략

과제 3

01. 1) ❷

2)

단계	예
불편을 호소함.	❶ 중요한 약속이나 일정을 잊어버림. ❷ 가족의 전화번호를 기억하지 못함.
혼자 있는 시간을 참기 어려워 함.	❶ 시간을 어떻게 보내야 할지 몰라 쩔쩔맴. ❷ 불안해함.
사람을 찾기 시작함.	❶ 사람을 그리워함. ❷ 사람을 만났을 때 평소보다 더 반가워함. ❸ 인간적인 교류를 하게 됨.

3) ❶ ○ ❷ X ❸ ○

02. 생략

제8과

어휘

01. 1) 공교육 2) 사교육 3) 조기교육 4) 평생교육
02. 1) 주입식교육 2) 대안교육 3) 인성교육

문법

1. 2) 스트레스도 별로 없어
   3) 업무 시간도 자유롭거니와
   4) 주말에도 회사에 나오는 사람이 많아.
   5) 눈치를 주는 사람도 없거니와
   6) 직원들도 잘 챙기거니와 기부도 많이 하셔서 직원들의 존경을 받는 분이야
2. 2) 잠이 오더라도
   3) 배가 고프더라도
   4) 반갑더라도
   5) 혼자 길을 찾을 수 있을 것 같더라도
   6) 시간이 걸리더라도

과제 1

01. 생략

과제 2

01. 1) ❷
   2) 자연에서 찾은 새로운 대안교육
   3) ❸

02. 생략

과제 3

01. 1) 친구를 잘 사귀어야 한다.
   2) 부모에게 효도하고 형제를 깊이 사랑하는 사람
   3) ❶

02. 생략

제9과

어휘

1. 1) 기부하거나 2) 기증할 3) 후원하는
   4) 봉사활동 5) 구호 활동 6) 구조 활동

문법

1. 2) 힘들더라고요.
   3) 땀이 나더라고요.
   4) 방송국에서 취재를 하더라고요.

5) 지게를 이용하더라고요.
6) 네, 굉장히 보람이 있더라고요.

2. 2) 노사가 대화로 화해함으로써
3) 공장을 매각함으로써 자금난을 해결할 생각입니다.
4) 신제품을 개발함으로써
5) 원화 환율이 하락함으로써 적자가 해결될 것 같습니다.
6) 회사 기밀 관리를 더욱 철저히 함으로써 그런 일을 방지하겠습니다.

과제 1

01. 생략

과제 2

01. 1) ❹
2) 젊었을 때 공부를 하지 못했던 할머니는 돈 때문에 공부를 포기하는 학생이 없었으면 하는 마음으로 기부를 하게 됐다.
3) ❶ ○ ❷ X ❸ X

02. 생략

과제 3

01. 1) ❷
2) 돈이 모자라기 때문에
3) ❶

02. 생략

제10과

어휘

01. 1) 지정되어 2) 훼손되지 3) 등재되었다
4) 보존하기

02. 1) 발굴하여 2) 복원하거나 3) 보수하는
4) 도난 당하거나 5) 소실되지

문법

1. 2) 비가 올 것 같길래
3) 친구가 깨워도 안 일어나길래
4) 누가 따라오길래 무서워서 빨리 걸어와서 그래요.
5) 영수 씨가 영어를 잘하길래 영수 씨에게 부탁했어요.
6) 병원에 기다리는 사람이 많길래 그냥 왔어요.

2. 2) 취직하는 데
3) 어느 정도 알아듣는 데
4) 적극적인 자세가 필요한 것 같아.
5) 사람들이 실제로 사용하는 말을 익히는 데
6) 중국 사람들을 이해하는 데 도움이 될 거야.

과제 1

01. 생략

과제 2

01. 1) (연극, 음악, 무용, 기술, 놀이 등과 같이) 형태를 갖고 있지 않은 문화재로 예술적, 역사적 가치가 큰 것
2)

	강강술래	줄타기
언제	정월대보름, 추석	단오, 추석, 국가행사
누가	마을 여자들	광대
특징	· 풍작과 다산을 기원하는 놀이 · 초저녁에 달이 뜰 때 시작	· 안전을 비는 고사로 시작 · 광대가 줄을 타면서 노래와 이야기를 함께 한다. · 공연하는 사람과 구경하는 사람이 어우러져 즐긴다.

3) ❷

02. 생략

과제 3

01. 1) 절을 세워 명복을 비는 것이 최고의 효도라고 생각해서
2) 환생하다
3) ❸ → ❶ → ❹ → ❺ → ❻

제11과

어휘

01. 1) 자동차 원격 조정 2) 컴퓨터 원격 제어
3) 휘는 디스플레이 4) 정사각형코드(QR코드)
5) 3차원 프린터

문법

1. 2) 처음 듣는다는 듯이
3) 불쌍하다는 듯이
4) 모른다는 듯이
5) 억울하다는 듯이
6) 아무 잘못이 없다는 듯이
2. 2) 휴대폰에 비밀번호를 설정해 놨기에 망정이지
3) 휴대폰 위치추적 앱을 깔아 놨기에 망정이지
4) 휴대폰을 되찾았기에 망정이지
5) 감시 카메라에 도둑의 얼굴이 찍혔기에 망정이지 그렇지 않았으면 도둑을 못 잡았을 거야.
6) 엘리베이터가 고장 나서 도둑이 그 안에 갇혔기에 망정이지 안 그랬으면 그 도둑을 못 잡았을 거야.

과제 1

01. 생략

과제 2

01. 1) ❹
2) 장점: 집중력이 좋아져서 많은 양의 정보를 빨리 외울 수 있다.
단점: 저장된 정보를 오래 기억하지 못한다./장기 기억으로 저장되지 않는다.
3) ❶ ○ ❷ ○ ❸ X
02. 생략

과제 3

01. 1) ❷
2) 어렸을 때 받아들였던 음식이나 소리, 풍경, 얼굴 등이 뇌를 완성시킨 요소였기 때문.
3) ❶ X ❷ ○ ❸ ○
02. 생략

제12과

어휘

1) 재충전할 2) 활력을/활기를 3) 내서/투자해서
4) 활력소를

문법

1. 2) 하기 나름이라고 하니까
3) 노력하기 나름이잖아.
4) 관리하기 나름이야.
5) 가꾸기 나름이야.
6) 생각하기 나름이야.
2. 2) 자기가 직접 하는 건 하나도 없더라고.
3) 치울 줄은 몰라.
4) 자기 이야기를 할 줄만 알았지
5) 잘한 일에 대해서 칭찬해 줄 줄은 몰라.
6) 우리 아버지도 문제가 있을 때 지적하실 줄만 알았지 칭찬을 많이 해 주시는 편은 아닌 것 같아.

과제 1

01. 생략

과제 2

01. 1) ❸
2) ❷ → ❶ → ❸
3)

그림을 소개한 순서	작품명	화가
첫 번째 소개한 그림	3	1
두 번째 소개한 그림	2	2
세 번째 소개한 그림	1	2

02. 생략

과제 3

01. 1) ❷

2) 부정적 → 긍정적

3) ❶ ○ ❷ X ❸ ○

02. 생략

제13과

어휘

1) 윤리경영 2) 환경경영 3) 사회 환원
4) 사회복지사업 5) 공익실현 6) 부의 재분배

문법

1. 2) 밤을 새우다시피
3) 집을 새로 짓다시피
4) 주말마다 하다시피
5) 우리 집에서 살다시피
6) 아이를 키우다시피
2. 2) 자식한테 물려줄 법한데
3) 큰 집에서 사실 법한데
4) 직원들을 개인적으로 챙기지 못할 법한데
5) 천천히 출근하실 법한데
6) 은퇴하실 법한데

과제 1

01. 생략

과제 2

01. 1) ❶

2)

대기업의 경영 방침에 대한 의견	
부정적 입장	긍정적 입장
· 소시민들의 입장은 생각하지 않는다. · 대기업들의 대형할인마트 때문에 시장, 동네 슈퍼들이 사라지고 있다. · 정부가 대기업에게 주는 혜택이 너무 많다.	· 대기업들은 품질 향상에 투자해 질 좋은 상품을 만든다. · 경쟁력이 생겨 소비자들의 만족도가 높아진다. · 대기업이 운영하는 마트에서 저렴하고 질 좋은 물건을 살 수 있다.

3) ❶ X ❷ ○ ❸ ○

과제 3

01. 1) ❸

2)

봉사활동 이름	전달 물품	전달 대상
희망상자	쌀과 반찬류 등의 식품과 휴지, 샴푸, 수건 등 생필품, 희망엽서	전국 각 지역의 소외계층
겨울 나눔 생활용품 전달식	겨울이불부터 베개, 방한조끼, 수면바지 등의 생활용품	홀로 사는 전국의 노인
사랑의 연탄 나눔	연탄	소년소녀가장과 독거노인, 영세 모자가정
사랑의 김장 나눔	김장	소년소녀가장과 독거노인, 영세 모자가정

3) ❷

02. 생략

제14과

어휘

1) 목표를 정했을 2) 목표를 달성하기 3) 도전하여
4) 재기할 5) 출세했다고

문법

1. 2) 영화를 보지 않는 한
3) 마음에 들지 않는 한
4) 팬들이 제 연기를 원하는 한
5) 언젠가는 인정을 받을 수 있을 겁니다.
6) 우리 영화계의 앞날은 어둡지 않을 것 같습니다.
2. 2) 필요할 때 사용하되
3) 정해진 곳에서 먹어야 합니다.
4) 자유롭게 이용하되
5) 되도록 빨리 반납해 주십시오.
6) 항상 가지고 다니되

과제 1

01. 생략

과제 2

01. 1) ❹

2) 좋아하는 일에 모든 것을 바쳐라. 돈을 쫓지 말고 자존심을 찾아라.

3) ❶ X ❷ X ❸ ○

02. 생략

과제 3

01. 1) ❸

2) 한국 땅에 묻히는 것

3) ❷

02. 생략

제15과

어휘

1) 수력 2) 풍력 3) 태양 4) 지열 5) 해양

문법

1. 2) 가구와 가전제품을 따로 살 필요가 없을뿐더러
   3) 감시카메라가 설치돼 있을뿐더러 경비가 24시간 근무해서 안심하고 지낼 수 있어요.
   4) 같은 건물 아래층에 헬스장과 수영장도 갖춰져 있을뿐더러 시장과 병원도 가까워서 편리해요.
   5) 내부 수리를 해서 깨끗할뿐더러 가구와 가전제품이 다 갖춰져 있어서 따로 살 필요가 없어요.
   6) 버스정류장이 아주 가까울뿐더러 시장과 병원이 가까이에 있고 근처에 공원이 있어서 조용하고 공기도 좋고요.
2. 2) 중고차를 샀다가 고생하느니
   3) 경차라도 사지 그래?
   4) 경차를 사느니
   5) 할부로 사서 이자를 내느니
   6) 신형차를 사느니 좀 저렴한 이전 모델을 사는 게 나을 것 같은데.

과제 1

01. 생략

과제 2

01. 1) ❹

2) ❶ 자전거, 주차 ❷ 공기, 질

3) ❶ ○ ❷ X ❸ ○

02. 생략

과제 3

01. 1) (1) ❹ (2) ❶

2) ❸

3) ❶ ○ ❷ ○ ❸ X

02. 생략

〈문법 활용연습〉

제1과

1. -긴 -나 봐요

1) ❶ 한 달에 책을 5권이나 사는 걸 보면 책을 좋아하긴 좋아하나 봐요.
❷ 그 영화를 안 본 사람이 없는 걸 보니 영화의 인기가 대단하긴 대단한가 봐요.
❸ 더 이상 이 하천에서 물고기를 잡을 수 없는 걸 보면 환경오염이 심각하긴 심각한가 봐요.
❹ 웬만해선 잠기지 않는 곳이 잠긴 걸 보니 비가 많이 오긴 많이 왔나 봐요.
❺ 겨울철 전력 사용량이 최고치를 기록한 걸 보면 지난 겨울이 춥긴 추웠나 봐요.

2) ❶ 정말 눈이 많이 오긴 왔나 봐요.
❷ 요즘 경기가 안 좋긴 안 좋은가 봐요.
❸ 벌써 승진한 걸 보니 일을 잘 하긴 잘 하나 봐요.
❹ 점수가 나쁜 걸 보니 시험이 어렵긴 어려웠나 봐요.

❺ 그 후보가 능력이 있긴 있나 봐요.

2. 아무리 -기로서니

1) ❶ 아무리 회사 상태가 안 좋기로서니 갑자기 해고 통보를 하면 어떻게 해요?
❷ 아무리 스트레스가 쌓이기로서니 날마다 술을 마시면 어떻게 해요?
❸ 아무리 돈이 중요하기로서니 건강만 하겠어요?
❹ 아무리 익명게시판이기로서니 함부로 남을 비방하면 안 되지요.
❺ 아무리 응원하는 팀이 졌기로서니 선수들에게 욕을 해서야 되겠어요?

2) ❶ 여자 친구가 아무리 예쁘기로서니 김태희만 하겠어?
❷ 아무리 용돈이 부족하기로서니 초등학생이 어떻게 그럴 수가 있지요?
❸ 아무리 돈이 생겼기로서니 그렇게 함부로 돈을 써서야 되겠어?
❹ 아무리 의견이 다르기로서니 친구의 말을 무시하면 되겠어?
❺ 아무리 화가 나기로서니 헤어지자고 말을 하면 어떻게 해요.

제2과

1. -기는커녕

1) ❶ 면접 때 긴장되기는커녕 면접 연습을 할 때보다 마음이 더 편했어요.
❷ 새 학기가 시작되었는데도 설레기는커녕 걱정스러운 마음뿐이에요.
❸ 아무리 일을 해도 빚이 줄기는커녕 눈덩이처럼 불어났다.
❹ 저축할 돈은커녕 당장 쓸 돈도 없어요.
❺ 그 사람은 샤워는커녕 세수도 안 해요.

2) ❶ 시간이 절약되기는커녕 길이 막혀서 오히려 시간이 더 걸렸어요.
❷ 스트레스가 풀리기는커녕 게임 점수가 잘 안 나와서 스트레스를 더 받아요.
❸ 해외여행객 수가 감소하기는커녕 작년에 비해서 20% 나 증가했대요.
❹ 반성하기는커녕 피해자가 자기한테 잘못해서 그런 거라고 변명을 하던걸요.
❺ 저희 집에는 TV는커녕 라디오도 없는걸요.

2. -는 둥 마는 둥 하다

1) ❶ 밤새 쏟아지는 폭우 소리가 하도 시끄러워서 자는 둥 마는 둥 했다.
❷ 더위 때문에 입맛이 없어서 그런지 음식을 먹는 둥 마는 둥 한다/했다.
❸ 전시회에 사람들이 너무 많아서 관람을 하는 둥 마는 둥 했다.
❹ 여행 마지막 날에는 너무 지쳐서 사진을 찍는 둥 마는 둥 했다.
❺ 시험 때 시간이 없어서 뒷부분의 내용은 공부하는 둥 마는 둥 했다.

2) ❶ 보는 둥 마는 둥 했더니 내용을 정확히 잘 모르겠어.
❷ 듣는 둥 마는 둥 하지?
❸ 음식을 씹는 둥 마는 둥 하
❹ 준비운동을 하는 둥 마는 둥 하고 물에 들어갔다가 쥐가 나서 죽는 줄 알았어요.
❺ 먹는 둥 마는 둥 하더라.

제3과

1. -으랴 -으랴

1) ❶ 음식 만들랴 집안 청소하랴 쉴 틈이 없어요.
❷ 환자들을 진료하랴 수술하랴 항상 바빠요.
❸ 발표 준비하랴 보고서 쓰랴 눈 코 뜰 새 없어요.
❹ 학교 다니랴 학원 다니랴 몸이 두 개라도 모자랄 지경이에요.
❺ 손님 접대하랴 회의 진행하랴 하루 종일 물 한 잔 마실 틈도 없었어요.

2) ❶ 네, 그래서 입시정보 알아보랴 간식 챙겨주랴 정신이 없네요.
❷ 학과 분위기 파악하랴 동아리 모임 하랴 눈코 뜰 새 없이 바빠요.
❸ 네, 필요 없는 물건 정리하랴 이삿짐 싸랴 정신없이 바빠요.

❹ 네, 그래서 직원 채용하랴 거래처 확보하랴 몸이 열 개라도 모자랄 지경이에요.
❺ 회의하랴 보고서 쓰랴 바빴거든요.

2. -으면 몰라도

1) ❶ 월급이 많으면 몰라도 그렇게 위험한 일은 하고 싶지
않아요.
❷ 회사를 그만두면 몰라도 오랫동안 여행을 하기는 힘들 것 같아요.
❸ 신약이 개발되면 몰라도 현재로선 이 병을 치료할 방법이 없습니다.
❹ 어른이 같이 가면 몰라도 아이들끼리 산에 가는 건 위험해요.
❺ 다른 사람들이 도와주면 몰라도 저 혼자서 하기에는 너무 버거워요.

2) ❶ 임신을 하면 몰라도 회사는 계속 다닐 거야.
❷ 상대팀 선수들이 단체로 아프면 몰라도 우리 팀이 이기기는 힘들걸요.
❸ 복권에 당첨되면 몰라도 우리 같은 사람한테 세계 여행은 그림의 떡이지.
❹ 원어민처럼 영어를 하면 몰라도 합격하기 어려울 거야.
❺ 아이가 외국 생활을 잘 견디면 몰라도 그 나이에는 좀 힘들지 않을까요?

제4과

1. 건만

1) ❶ 그는 능력 있는 사람이건만 능력을 발휘하지 못 하고 있네요.
❷ 10년째 수사를 하고 있건만 아직도 범인에 대한 작은 단서조차 못 찾고 있어요.
❸ 두 시간이나 기다렸건만 만나지 못했어요.
❹ 며칠 밤을 새우며 준비했건만 너무 긴장해서 그만 실수를 하고 말았어요.
❺ 그렇게 간곡히 부탁했건만 그 사람은 끝내 제 부탁을 거절했어요.

2) ❶ 네, 그렇게 열심히 일했건만 이번에도 승진을 못했대요.
❷ 아니요, 이렇게 오랫동안 한국에 살았건만 한국말이 많이 늘지 않네요.
❸ 아니요, 날마다 메일을 보내건만 친구는 통 연락을 안 해요.
❹ 이번에 정부가 정말 좋은 주택 정책을 냈건만 집값은 여전히 불안해요.
❺ 출산율 회복을 위해 정부가 그렇게 열심히 노력했건만 여전히 저조하네요.

2. -같아선

1) ❶ 마음 같아선 어머니 생신에 성대한 잔치를 해 드리고 싶지만 여유가 없어요.
❷ 생각 같아선 직원들에게 보너스를 주고 싶지만 요즘 회사 사정이 말이 아니에요.
❸ 욕심 같아선 백화점에 있는 물건을 다 사고 싶지요.
❹ 성질 같아선 당장 회사에 사표를 내고 싶어요.
❺ 요즘 같아선 주식 시장이 하도 불안해서 투자를 할 수가 없어요.

2) ❶ 욕심 같아선 호텔같이 멋진 곳에서 하고 싶지만 우리 형편에 맞게 하자.
❷ 네, 요즘 같아선 가게 문을 닫고 싶어요.
❸ 마음 같아선 다녀오고 싶지만 비행기 값이 너무 비싸서 다음에 가기로 했어요.
❹ 성질 같아선 그 친구랑 절교라도 하고 싶지만 그냥 내가 참기로 했어.
❺ 생각 같아선 그만두고 싶지만 다음 학기 등록금을 내려면 계속해야 돼.

제5과

1. -다기보다는

1) ❶ 드라마는 재미있다기보다는 한국어 공부에 도움이 돼서 보는 거예요.
❷ 수영을 못 한다기보다는 물이 무서워서 안 하는 거예요.
❸ 사장님 말씀은 부탁이라기보다는 명령에 가까워요.
❹ 그 음식을 좋아한다기보다는 버리기가 아까워서 먹었어요.

❺ 그 드라마는 사회상을 반영한다기보다는 특정 계층의 입장을 대변하는 것 같아요.

2) ❶ 문법이 어렵다기보다는 단어가 많아서 힘들어요.
❷ 예쁘다기보다는 매력적인 것 같아요.
❸ 돈을 벌려고 한다기보다는 경험을 더 쌓기 위해서 하는 거예요.
❹ 통일을 원하지 않는다기보다는 필요성을 못 느끼고 있는 거죠.
❺ 소극적이라기보다는 신중한 거라고 할 수 있어요.

2. -을래야 -을 수가 없다

1) ❶ 노래가 너무 빨라서 따라할래야 따라할 수가 없어요.
❷ 문이 잠겨서 들어갈래야 들어갈 수가 없어요.
❸ 발음이 이상해서 알아들을래야 알아들을 수가 없어요.
❹ 이름이 특이해서 잊어버릴래야 잊어버릴 수가 없어요.
❺ 식량이 부족해서 버탈리야 버틸 수가 없어요.

2) ❶ 살이 쪄서 입을래야 입을 수가 없어.
❷ 생활비가 많이 들어서 돈을 모을래야 모을 수가 없어요.
❸ 한자가 많아서 읽을래야 읽을 수가 없어요.
❹ 너무 화가 나서 참을래야 참을 수가 없었어요.
❺ 맞아요. 너무 거짓말을 자주 해서 믿을래야 믿을 수가 없어요.

제6과

1. - 는다뿐이지

1 ❶ 나이만 어리다뿐이지 생각은 어른스러워요.
❷ 그 제품은 지명도만 낮다뿐이지 품질은 최고급이에요.
❸ 그 사람은 학벌이 좋다뿐이지 그렇게 뛰어난 인재는 아니에요.
❹ 내 동생은 말만 잘 한다뿐이지 실천하는 일은 없어요.
❺ 특강에 참석만 했다뿐이지 강의는 제대로 듣지 못했어요.

2) ❶ 아니에요, 외모만 멋있다뿐이지 노래 실력은 별로예요.
❷ 수영장에 안 간다뿐이지 수영은 잘해요.
❸ 안색이 안 좋다뿐이지 건강에는 이상 없어.
❹ 상만 받았다뿐이지 아직도 배워야 할 게 많아요.
❺ 지원자 수만 많다뿐이지 제대로 실력을 갖춘 사람은 그렇게 많지 않아요.

2. -는답시고

1) ❶ 요리를 한답시고 이것저것 다 꺼내 놓아서 부엌을 엉망으로 만들어 놓았어요.
❷ 영어를 배운답시고 미국에 가서 놀고만 왔어요.
❸ 공원을 만든답시고 여기저기에서 공사를 하는 바람에 주변 환경만 나빠졌어요.
❹ 최신 유행 스타일로 해준답시고 미용사가 머리를 이 모양으로 해 놓았어요.
❺ 정치를 한답시고 선거마다 출마했다가 떨어져서 재산만 축냈어요.

2) ❶ 저를 도와준답시고 설거지를 하다가 깨버렸어요.
❷ 가수가 된답시고 공부는 안 하고 날마다 노래방에서 살다시피 해요.
❸ 도로를 넓힌답시고 공사를 하느라고 도로를 엉망으로 해 놓았어요.
❹ 공부를 한답시고 책을 이렇게 많이 사 놓고는 보지도 않아요.
❺ 사업을 확장한답시고 투자를 했는데 잘 안됐나 봐요.

제7과

1. -으련만

❶ 약으로 치료할 수 있으면 참 좋으련만 수술을 받아야 한다니 걱정이 돼요.
❷ 그 여자의 마음을 알면 고백하련만 어떤지 알 수가 없어 고민이에요.
❸ 일이 없으면 제때 퇴근하련만 날마다 일이 많아서 퇴근이 늦어요.
❹ 가방이 조금만 작았으면 기내에 들고 타련만 크기 때문에 어쩔 수 없이 수하물로 부쳤다.

❺ 속마음이라도 털어놓을 수 있으면 후련하련만 말할 만한 상대가 없어 답답할 뿐이다.

2) ❶ 전화번호를 알면 연락하련만 번호를 모르니 연락할 수가 없네요.

❷ 투자를 늘리련만 아직은 적극적으로 투자할 때가 아닌 것 같습니다.

❸ 모아 놓은 돈이 있으면 새로 하나 사련만 돈이 없으니 그럴 수가 있어야지요.

❹ 예산이 충분하면 바로 시행하련만 예산이 부족해서 지금은 시행할 수가 없습니다.

❺ 전염병의 확산을 막을 수 있는 방법이 있으면 좋으련만 지금으로서는 좋은 방법이 없어요.

2. -은 채

1) ❶ 벽에 기댄 채 잠이 들었어요.

❷ 그 부부는 서로를 이해하지 못한 채 한평생을 같이 살았다.

❸ 취업준비생들은 주말과 휴일도 잊은 채 취직 시험 준비에 몰두하고 있습니다.

❹ 그 선수는 갑자기 호흡곤란 증세를 보이며 쓰러진 채 한동안 일어나지 못했다고 한다.

❺ 에너지 절약을 위해서 냉방을 켜 놓은 채 상점 문을 열고 영업하는 일이 없도록 해 주십시오.

2) ❶ 열어 놓은 채 잤더니 감기에 걸렸나 봐.

❷ 착용하지 않은 채

❸ 뜬 채 자서 무서워요.

❹ 촛불을 켜 놓은 채 자다가 화재가 났대.

❺ 피를 흘린 채 길가에 쓰러져 있었다고 합니다.

제8과

1. 거니와

1) ❶ 면접에서는 지식도 갖춰야 하거니와 자신감 있게 대답을 해야 해.

❷ 한파로 채소 값은 말할 것도 없거니와 유제품 값도 올랐다고 해요.

❸ 결혼할 나이가 되었거니와 마침 사귀는 사람도 있으니 빨리 결혼해라.

❹ 김 과장은 예의가 바르거니와 일도 잘해서 회사에서 평판이 좋아요.

❺ 의학이 발달했거니와 출산률도 낮아져서 점점 사회가 고령화되고 있다.

2) ❶ 네. 얼굴도 닮았거니와 성격도 비슷하던데요.

❷ 교통도 불편하거니와 월세도 비싸서 이사했어요.

❸ 환경오염도 줄일 수 있거니와 피부에 자극을 주지도 않아요.

❹ 말도 안 통하거니와 음식도 입에 안 맞아서 힘들었어요.

❺ 리더십도 있어야 하거니와 사람들을 잘 다룰 줄도 알아야 해요.

2. -더라도

1) ❶ 월급을 적게 받더라도 이 회사를 선택한 것을 후회하지 않을 거예요.

❷ 경제적으로 여유가 있더라도 사고 싶은 걸 다 사는 건 무절제한 소비라고 생각해요.

❸ 아무리 유능한 의사더라도 이 환자를 살릴 수는 없을 거예요.

❹ 경기에서 어떤 팀과 붙더라도 이길 자신이 있어요.

❺ 번거롭더라도 환경을 위해서 분리수거에 꼭 참여합시다.

2) ❶ 위험부담이 있더라도 과감하게 투자를 해야 돈을 벌 수 있지요.

❷ 혹시 이번에 떨어지더라도 포기하지 마세요.

❸ 수술을 하더라도 예전처럼 선수 생활을 할 수는 없을 겁니다.

❹ 틀리더라도 자신있게 말해야 실력이 늘어요.

❺ 요즘은 비용이 많이 들더라도 광고를 잘 만들어야 물건이 잘 팔려요.

제9과

1. -더라고요

1) ❶ 어제 갔던 박물관은 유물도 많고 건물도 웅장하더라고요.

❷ 관객들이 그 영화를 보면서 눈물을 흘리더라고요.

❸ 영수 씨가 발표를 아주 잘 하더라고요.

❹ 어제는 토요일이라서 고속도로가 많이 막히더라고요.

❺ 얘기해 보니까 김영수 씨가 재미교포더라고요.

2) ❶ 인상이 참 좋더라고요.

❷ 볼만한 작품이 굉장히 많더라고요.

❸ 네. 요즘 나라 사정에 대해서 잘 지적했더라고요.

❹ 음식도 맛있고 손님도 많더라고요.

❺ 네. 후보자들이 열띤 토론을 벌이더라고요.

1. –음으로써

1) ❶ 금연을 함으로써 폐암을 예방할 수 있어요.

❷ 봉사활동을 함으로써 많은 보람을 느낄 수 있지요.

❸ 한 달에 3만 원을 기부함으로써 10명의 아이들이 점심을 먹을 수 있어요.

❹ 정기적으로 건강검진을 받음으로써 질병을 조기에 발견할 수 있어요.

❺ 부모자식 간에 자주 대화를 함으로써 서로 이해하게 됐어요.

2) ❶ 광고를 함으로써 더 많은 상품을 팔 수 있습니다.

❷ 독서를 함으로써 간접적으로나마 다양한 경험을 할 수 있습니다.

❸ 한국어를 공부함으로써 한국 친구와 더 깊은 대화를 할 수 있게 돼서 좋아요.

❹ 여성의 근로 조건을 개선함으로써 여성들이 일 때문에 출산을 기피하는 것을 줄일 수 있다고 봅니다.

❺ 다문화 가족들에게 한국어를 배울 기회를 더 많이 제공함으로써 그들이 한국에 빨리 적응할 수 있도록 해야 합니다.

제10과

1. –길래

1) ❶ 길이 미끄럽길래 차를 두고 나왔어요.

❷ 리에 씨가 저를 못 알아보길래 저도 인사를 안 했어요.

❸ 학생들 작문에 틀린 부분이 너무 많길래 다시 해 오라고 했어요.

❹ 제임스 씨가 민호 씨 전화번호를 가르쳐 달라고 계속 조르길래 가르쳐 줬어요.

❺ 신제품이 나왔길래 인터넷으로 정보를 찾아보다

2) ❶ 연락이 없길래 제가 먼저 전화를 했어요.

❷ 제가 싫어하는 사람이 나온다길래 안 갔어요.

❸ 민호 씨 전화번호를 물어 보길래 말해 줬어요.

❹ 자꾸 거짓말을 하길래 좀 혼냈어요.

❺ 지금 팔아야 손해를 안 본다길래 다 팔았죠.

2. –는 데

1) ❶ 시간을 때우는 데 이 게임이 그만이에요.

❷ 건강을 생각하는 사람들은 단 맛을 내는 데 설탕대신 꿀을 사용한다고 해요.

❸ 햇빛에 익은 피부를 진정시키는 데 감자팩이 도움이 된다고 해요.

❹ 채소의 섬유질은 포만감을 주어 식욕을 억제하는 데 효과가 있습니다.

❺ 1974년 미국의 한 의사가 최초로 심장을 이식하는 데 성공했습니다.

2) ❶ 공부하는 데 방해가 돼서 치웠어요.

❷ 독립심을 키우는 데 도움이 되는 것 같아요.

❸ 심리를 파악하는 데 효과적이라고 해요.

❹ 성격을 형성하는 데 많은 영향을 줍니다.

❺ 봉사 경험이 당락을 결정하는 데 중요한 역할을 합니다.

제11과

1. –기에 망정이지

1) ❶ 모아 놓은 돈이 있었기에 망정이지 그렇지 않았으면 수술비 때문에 당황할 뻔했다.

❷ 비밀번호를 적어 놓았기에 망정이지 안 그랬으면 돈을 찾지 못했을 거예요.

❸ 보조 열쇠를 갖고 있기에 망정이지 없었으면 차 문을 못 열 뻔했어요.

❹ 방이 넓었기에 망정이지 안 그랬으면 그 많은 사람들이 다 들어가지도 못했을 거예요.

❺ 칼날이 날카롭지 않았기에 망정이지 하마터면 크게 다칠 수도 있었겠네요.

2) ❶ 다행히 물이 깊지 않았기에 망정이지 큰일 날 뻔했어.

❷ 다른 등산객이 저를 발견했기에 망정이지 아니었으면 죽었을지도 몰라요.

❸ 연락처를 적은 목걸이를 아이가 하고 있었기에 망정이지 정말 큰일 날 뻔했어요.
❹ 파일을 따로 저장해 놓았기에 망정이지 안 그랬으면 다 다시 일해야 할 뻔했어요.
❺ 집에 소화기가 있었기에 망정이지 안 그랬으면 집이 다 탔을 거야.

2. -는다는 듯이

1) ❶ 영주는 할 말이 있다는 듯이 나한테 손짓했어요.
❷ 아기는 신기하다는 듯이 강아지를 쳐다봤다.
❸ 그 용의자는 이번 사건이 자기와는 아무 관계도 없다는 듯이 무심하게 대답했어요.
❹ 이 과장님은 짜증 난다는 듯이 인상을 찌푸리더니 아무 말도 안 하고 나갔다.
❺ 노조위원장은 회사 측의 입장을 충분히 이해했다는 듯이 고개를 끄덕였습니다.

2) ❶ 모르겠다는 듯이
❷ 갖고 싶다는 듯이
❸ 미선이는 전혀 관심 없다는 듯이
❹ 제 미래가 자기 눈앞에 다 보인다는 듯이
❺ 기분 좋다는 듯이

제12과

1. -기 나름이다

1) ❶ 아이의 식습관은 부모가 가르치기 나름이다.
❷ 국민들의 신뢰를 얻는 건 정치인들이 하기 나름이다.
❸ 여행 중에 얼마나 알차게 시간을 보내느냐는 계획을 세우기 나름이다.
❹ 인생에서 행복과 불행은 생각하기 나름이다.
❺ 80세가 넘었는데도 30대 못지않은 체력을 유지하는 걸 보면 건강은 관리하기 나름이다.

2) ❶ 그건 네가 노력하기 나름이지.
❷ 시간은 활용하기 나름이지요.
❸ 제품의 수명은 사용하기 나름이에요.
❹ 관리비가 얼마나 나오느냐는 아껴 쓰기 나름이에요.
❺ 그건 옷 입기 나름이지요. 까만색 바지와 같이 입으면 평소에도 잘 입을 수 있을 거예요.

2. -을 줄만 알았지

1) ❶ 그 사람은 문제가 생길 때마다 회피할 줄만 알았지 적극적으로 해결하려고 하지는 않아요.
❷ 모두들 다른 부서에 책임을 떠넘길 줄만 알았지 책임지려는 곳은 없었습니다.
❸ 똥 묻은 개가 겨 묻은 개 나무란다고 걔는 남의 잘못을 지적할 줄만 알았지 자기 잘못을 볼 줄은 모르더라.
❹ 맨날 집안을 어질러 놓을 줄만 알았지 단 한번도 청소를 하는 법이 없어.
❺ 후보들은 선거 때마다 공약을 내놓을 줄만 알았지 지키지는 않으니 국민들의 불신이 커졌던 것이다.

2) ❶ 돈을 벌 줄만 알았지 재테크를 할 줄은 몰라서 모은 돈이 얼마 안 돼요.
❷ 책을 살 줄만 알았지 읽지는 않는걸요.
❸ 운전할 줄만 알았지 차에 대해서는 아는 게 별로 없어요.
❹ 응, 이 과장은 매번 일을 벌일 줄만 알았지 마무리할 줄은 모르더라.
❺ 정훈이는 항상 얻어먹을 줄만 알았지 자기가 돈을 내는 법이 없잖아.

제13과

1. -다시피 하다

1) ❶ 시간이 없어서 점심을 굶다시피 했어요.
❷ 눈이 와서 자동차들이 기어가다시피 하네요.
❸ 부모님이 바쁘셔서 할머니께서 나를 키우다시피 하셨어요.
❹ 오랜만에 만난 친구와 얘기하느라고 밤을 새우다시피 했어요.
❺ 수정할 내용이 너무 많아서 논문을 새로 쓰다시피 했어요.

2) ❶ 공부하느라고 거의 날마다 밤을 새우다시피 하는 학생도 있어요.
❷ 그 친구는 우리 집에서 살다시피 해.
❸ 간을 하다 보니 제가 새로 만들다시피 했네요.

❹ 동생이 너무 못해서 내가 거의 하다시피 해.

❺ 고칠 데가 많아서 집을 새로 짓다시피 했어요.

2. -을 법하다

1) ❶ 매일 똑같은 음식을 먹으면 질릴 법한데 여전히 잘 먹는군요.

❷ 그런 실력을 갖추고 있으면 좋은 곳에 취직할 법한데 아직도 취직을 못했어요?

❸ 많은 청중들 앞에서 발표를 하면 떨릴 법한데 아주 침착하게 잘 하시네요.

❹ 유명한 배우들이 총 출연했으니 성공할 법한데 왜 흥행에 참패했을까?

❺ 그렇게 말했으면 알아들을 법한데 영 못 알아들은 눈치예요.

2) ❶ 이번에는 필기시험을 잘 봐서 합격할 법한데 또 떨어졌대요.

❷ 학생들이 그렇게 자꾸 질문을 하면 짜증이 날 법한데 대단하시네요.

❸ 그렇게 운동을 하면 살이 빠질 법한데 왜 안 빠질까요?

❹ 5년이 지났으면 잊을 법도 한데 아직도 못 잊었대요?

❺ 맞벌이를 하면 남편이 도와 줄 법한데 너무 하네요

제14과

1. -는 한

1) ❶ 특별한 변수가 없는 한 다음달 1일에 출국할 겁니다.

❷ 인터넷이 존재하는 한 새로운 형태의 범죄는 끊임없이 생겨날 거예요.

❸ 이 약을 복용하는 한 증세가 나빠지지는 않을 겁니다.

❹ 내가 먼저 손을 내밀지 않는 한 그는 나를 도와주지 않을 거예요.

❺ 부모가 먼저 모범을 보이지 않는 한 아이가 달라지는 것을 기대할 수 없어요.

2) ❶ 친구들이 있는 한 외롭지 않을 거예요.

❷ 특별한 능력이 없는 한 취직하기가 어려울 것 같아요.

❸ 술버릇을 고치지 않는 한 누구를 사귀는 건 어려울 거예요.

❹ 이런 따뜻한 사람들이 있는 한 우리의 미래는 밝을 거예요.

❺ 한 사람이라도 신문을 읽는 한 신문이 사라지지는 않을 것 같아요.

2. -되

1) ❶ 음악을 듣되 다른 사람에게 피해가 가지 않도록 하세요.

❷ 약을 복용하되 음식 조절도 병행해야 나을 수 있습니다.

❸ 댓글을 달되 남을 비방하는 말은 삼가세요.

❹ 여유 자금을 투자하되 철저히 알아보고 하세요.

❺ 투표로 결정하되 과반수 이상이 찬성해야 합니다.

2) ❶ 자유롭게 정하되 한국과 관련 있는 주제로 하세요.

❷ 질문하되 너무 사적인 질문은 피해 주세요.

❸ 에어컨을 켜되 온도를 너무 낮추지 마세요.

❹ 부모님께 알리되 걱정하실 정도는 아니라고 하세요.

❺ 혼을 내되 감정을 실어서는 안 됩니다.

제15과

1. -을뿐더러

1) ❶ 음식물 쓰레기는 악취도 심할뿐더러 쉽게 벌레가 생기기 때문에 분리수거를 철저히 해야 해요.

❷ 그런 약들은 치료에 별로 도움이 되지 않을뿐더러 부작용을 초래할 수도 있습니다.

❸ 배경지식도 없을뿐더러 용어도 익숙하지 않아서 그 책을 한 번 읽고 이해하기는 힘들어요.

❹ 그 노선은 승객이 거의 없을뿐더러 다른 버스 노선과 겹치기 때문에 변경하기로 한 것입니다.

❺ 그 프로그램으로는 이 문서 파일이 열리지도 않을뿐더러 열리더라도 글자가 깨져서 읽을 수가 없을 겁니다.

2) ❶ 값도 많이 비싸지 않을뿐더러 다양한 기능을 갖추고 있어서 사용하기에 편리하기 때문이지요.

❷ 인기 배우도 나오지 않았을뿐더러 적극적으로 영화 홍보를 하지 않아서 흥행에 실패했나 봐요.

❸ 커피도 마실 수 있을뿐더러 인터넷도 사용할 수 있기 때문에 커피숍에서 공부하는 사람이 많아졌어요.
❹ 그 기업은 월급이 많을뿐더러 직원들을 위한 복지 혜택도 많기 때문에 그래요.
❺ 일회용품은 환경을 오염시킬뿐더러 건강에도 나쁜 영향을 미칠 수 있기 때문에 사용을 줄일 필요가 있습니다.

2. -느니

1) ❶ 그 여자와 결혼하느니 차라리 독신으로 살겠다.
❷ 이렇게 무작정 대답을 기다리느니 직접 가서 물어보는 게 어때?
❸ 그 후보를 뽑느니 차라리 기권하는 게 낫지.
❹ 남편의 눈치를 보며 용돈을 받아서 쓰느니 적은 액수라도 내가 벌어서 마음 편하게 쓰겠다.
❺ 단품으로 따로따로 주문하느니 몇 백원이라도 저렴한 세트 메뉴로 주문하자.

2) ❶ 저 영화를 보느니 차라리 집에 가서 잠이나 자겠다.
❷ 라면을 먹느니 차라리 굶을래.
❸ 계속 적자를 보느니 가게 문을 닫는 게 손해가 적을 것 같네요.
❹ 지금 펀드에 가입하느니 그냥 적금을 하는 게 나을 것 같아요.
❺ 전세값이 그렇게 비싸면 전세로 사느니 대출을 좀 받더라도 아예 집을 사는 게 나을 것 같은데.

부록

1. 문법 활용연습
2. 듣기 지문
3. 모범 답안
▸ 4. 색인

4. 색인

〈어휘 색인〉

ㄱ

가뭄에 콩 나듯	6과	과제어휘
가부장적이다	1과	주제어휘
가훈	9과	과제어휘
간섭하다	13과	과제어휘
간편하다	7과	주제어휘
감수성	8과	새어휘
감수하다	4과	새어휘
강건하다	12과	과제어휘
개념	2과	과제어휘
개천절	6과	주제어휘
객지	2과	새어휘
거리끼다	5과	과제어휘
경작하다	10과	과제어휘
고독	7과	과제어휘
고드름	9과	과제어휘
고령화	2과	과제어휘
고사	10과	과제어휘
고정관념	1과	새어휘
고정관념지수	1과	과제어휘
고진감래	14과	새어휘
고하	15과	과제어휘
골목상권	13과	과제어휘
골수팬	3과	새어휘
공간지각능력	4과	주제어휘
공교육	8과	주제어휘
공동경비구역	5과	주제어휘
공로	14과	과제어휘
공백기	14과	새어휘
공식이	5과	과제어휘
공익실현	13과	주제어휘
공정무역	13과	주제어휘
공채	4과	과제어휘
관공서	6과	새어휘
관찰력	8과	과제어휘
광대	10과	과제어휘
광복절	6과	주제어휘
구사하다	11과	과제어휘
구연하다	10과	과제어휘
구조 활동	9과	주제어휘
구호 활동	9과	주제어휘
국권 수호	14과	과제어휘
국토분단	5과	주제어휘
군사 분계선	5과	과제어휘
권위적	1과	과제어휘
규제하다	13과	과제어휘
금단 증상	7과	과제어휘
금시초문	6과	과제어휘
급기야	7과	과제어휘
급속도	2과	과제어휘
기고	14과	과제어휘
기녀	12과	과제어휘
기러기 가족	2과	주제어휘
기부하다	9과	주제어휘
기여도	1과	과제어휘
기여하다	14과	새어휘
기원하다	5과	새어휘
기증하다	9과	주제어휘
기질	8과	과제어휘
꿰다	3과	새어휘

ㄴ

나르다	9과	새어휘
남북회담	5과	주제어휘
남성적이다	1과	주제어휘
남아선호	1과	주제어휘
남의 떡이 커 보이다	4과	새어휘
남자답다	1과	주제어휘
남존여비	1과	주제어휘
내면	7과	과제어휘
내조	1과	주제어휘
눈보라	5과	과제어휘
늪	3과	과제어휘

ㄷ

다람쥐 쳇바퀴 돌 듯	6과	과제어휘
다문화 가정	2과	주제어휘
다산	10과	과제어휘
다스리다	7과	과제어휘
다정다감하다	1과	새어휘
닥치다	11과	과제어휘
단적	3과	과제어휘
단정하다	8과	과제어휘
달래다	7과	새어휘

달아나다	9과	새어휘
대명사	1과	과제어휘
대명사	12과	과제어휘
대세	2과	과제어휘
대안교육	8과	주제어휘
대역배우	3과	주제어휘
대인관계능력	4과	주제어휘
대처하다	3과	과제어휘
도난 당하다	10과	주제어휘
도전하다	14과	주제어휘
도파민	7과	과제어휘
독거노인	9과	새어휘
독창적	14과	과제어휘
동에 번쩍 서에 번쩍	4과	새어휘
동원하다	8과	과제어휘
동의하다	8과	새어휘
동참하다	15과	과제어휘
두 마리 토끼를 잡다	14과	새어휘
두드러지다	6과	과제어휘
두텁다	8과	과제어휘
둘러싸다	10과	새어휘
둥지다	8과	과제어휘
뒤덮다	5과	과제어휘
뒤따르다	7과	과제어휘
뒤떨어지다	8과	새어휘
뒷전	10과	새어휘
뒷짐	12과	과제어휘
또래	2과	새어휘
뜻이 있는 곳에 길이 있다	9과	새어휘

ㅁ

마땅찮다	15과	새어휘
마음가짐	6과	새어휘
막론하다	15과	과제어휘
막판	11과	과제어휘
만혼	2과	과제어휘
말동무	11과	새어휘
말투	5과	과제어휘
망신	1과	새어휘
맞장구를 치다	10과	과제어휘
매료시키다	3과	과제어휘
맺히다	9과	과제어휘
머뭇거리다	9과	과제어휘
명복을 빌다	10과	과제어휘
명성	8과	과제어휘
명성을 남기다	14과	주제어휘
모금하다	9과	주제어휘
목표를 달성하다	14과	주제어휘
목표를 정하다	14과	주제어휘
몫	1과	과제어휘
몰아치다	11과	과제어휘
무료하다	2과	새어휘
무모하다	14과	과제어휘
무미건조하다	6과	과제어휘
무절제하다	6과	새어휘
문명	7과	과제어휘
물결	5과	과제어휘
물려받다	11과	과제어휘
미개척지	11과	새어휘
미혼모	13과	새어휘
민통선	5과	과제어휘

ㅂ

박학다식	10과	새어휘
발굴하다	4과	과제어휘
발굴하다	10과	주제어휘
방침	12과	새어휘
방한 조끼	13과	과제어휘
배기가스	15과	새어휘
배보다 배꼽이 더 크다	7과	새어휘
벗	8과	과제어휘
베짱이	12과	과제어휘
벼락치기	11과	과제어휘
보고	11과	새어휘
보수하다	10과	주제어휘
보존하다	10과	주제어휘
복원하다	10과	주제어휘
봉사 활동	9과	주제어휘
부각되다	6과	과제어휘
부의 재분배	13과	주제어휘
부화시키다	3과	과제어휘
분비되다	11과	과제어휘
분주하다	7과	주제어휘
불과	2과	과제어휘
불과하다	1과	과제어휘

불심	10과	과제어휘
불효자	8과	과제어휘
비동거 가족	2과	주제어휘
비로소	6과	새어휘
비스듬하다	12과	과제어휘
비약적	3과	과제어휘
빠듯하다	7과	주제어휘
빽빽하다	3과	새어휘

ㅅ

사교육	8과	주제어휘
사내대장부	1과	과제어휘
사냥	10과	과제어휘
사대부	12과	과제어휘
사람됨	8과	과제어휘
사로잡다	14과	과제어휘
사장되다	6과	과제어휘
사회 환원	13과	주제어휘
사회공헌	13과	주제어휘
사회복지산업	13과	주제어휘
산사	7과	과제어휘
산수화	12과	과제어휘
삼일절	6과	주제어휘
삼차원 프린터	11과	주제어휘
상생	13과	과제어휘
상용화	15과	새어휘
상의하다	2과	과제어휘
새삼	1과	과제어휘
생소하다	14과	과제어휘
생존	15과	과제어휘
생태계	15과	과제어휘
서거	6과	과제어휘
서럽다	6과	새어휘
서먹하다	3과	과제어휘
석가탄신일	6과	주제어휘
선교사	14과	과제어휘
설계되다	10과	새어휘
설날	6과	주제어휘
섭외하다	7과	과제어휘
성역할	1과	과제어휘
성탄절	6과	주제어휘
소리꾼	10과	과제어휘
소모하다	8과	과제어휘
소소하다	12과	과제어휘
소실되다	10과	주제어휘
소외계층	13과	과제어휘
쇠약해지다	14과	과제어휘
수력	15과	주제어휘
수리논리력	4과	주제어휘
수명	2과	과제어휘
수발	11과	새어휘
수술 로봇	11과	주제어휘
수제	14과	과제어휘
수치	2과	과제어휘
순우리말	5과	과제어휘
순하다	8과	과제어휘
숨 돌리다	7과	새어휘
스턴트맨	3과	주제어휘
스펙	4과	과제어휘
시간에 쫓기다	7과	주제어휘
시달리다	7과	새어휘
시사회	3과	주제어휘
시상식	3과	주제어휘
시주	10과	과제어휘
시혜적	13과	과제어휘
신경세포	11과	과제어휘
신뢰	1과	과제어휘
신임하다	14과	과제어휘
신체운동능력	4과	주제어휘
실향민	5과	새어휘
십년이면 강산도 변한다	5과	새어휘
싹트다	12과	과제어휘
쏘다니다	8과	새어휘

ㅇ

아기자기하다	6과	과제어휘
아무쪼록	9과	과제어휘
아스라이	9과	과제어휘
안간힘	4과	과제어휘
안성맞춤	15과	새어휘
암묵적	6과	과제어휘
앞다투다	11과	새어휘
애를 먹다	13과	새어휘
양력설	6과	주제어휘
어감	5과	과제어휘
어김없이	4과	과제어휘
어루만지다	9과	과제어휘

어린이날	6과	주제어휘
어림도 없다	3과	새어휘
어미	11과	과제어휘
어우러지다	10과	새어휘
어휘량	15과	과제어휘
언어능력	4과	주제어휘
얼큰하다	5과	과제어휘
업적을 남기다	14과	주제어휘
엎어지면 코 닿을데	7과	새어휘
여기다	2과	새어휘
여성적이다	1과	주제어휘
여심	1과	과제어휘
여자답다	1과	주제어휘
역설하다	12과	과제어휘
역점	4과	과제어휘
연녹색	5과	과제어휘
연발하다	14과	과제어휘
연상하다	12과	과제어휘
연탄	9과	새어휘
열대어종	15과	과제어휘
영리	13과	새어휘
영세	13과	과제어휘
영재교육	8과	주제어휘
영화제	3과	주제어휘
오감	8과	과제어휘
외조	1과	주제어휘
우려먹다	6과	과제어휘
우화	12과	과제어휘
운용하다	2과	과제어휘
월등히	1과	새어휘
월북	5과	과제어휘
월차	3과	새어휘
웹툰	12과	새어휘
위축되다	3과	과제어휘
유연하다	11과	과제어휘
유일무이	5과	새어휘
유입되다	3과	과제어휘
유지되다	10과	새어휘
윤리경영	13과	주제어휘
음계	14과	과제어휘
의료용 로봇	11과	주제어휘
이기	7과	과제어휘
이산가족	5과	새어휘
이산가족 상봉	5과	주제어휘
이질화	5과	주제어휘
이치	8과	과제어휘
인사	1과	과제어휘
인성교육	8과	주제어휘
인식	1과	새어휘
인재상	4과	과제어휘
인접하다	15과	과제어휘
일깨우다	7과	과제어휘
일인 가구	2과	주제어휘
일제 강점기	3과	과제어휘
일조하다	9과	과제어휘
임박하다	11과	과제어휘
입체 프린터	11과	주제어휘

ㅈ

자극되다	13과	과제어휘
자극적	3과	과제어휘
자급률	15과	과제어휘
자기성찰능력	4과	주제어휘
자동차 원격 조정	11과	주제어휘
자동화되다	7과	주제어휘
자발적	8과	과제어휘
자선	13과	과제어휘
자연친화력	4과	주제어휘
자칫하면	6과	과제어휘
자투리	12과	새어휘
장관	3과	과제어휘
재기하다	14과	주제어휘
쟁점	13과	과제어휘
적용	4과	과제어휘
적절하다	11과	과제어휘
전래 민요	14과	과제어휘
전략	6과	과제어휘
전무후무	12과	과제어휘
전생	10과	과제어휘
전형적이다	7과	새어휘
절감하다	15과	새어휘
절실하다	5과	새어휘
절제되다	7과	과제어휘
정교하다	10과	새어휘
정비되다	11과	과제어휘
정사각형 코드	11과	주제어휘
정책	5과	과제어휘
정체되다	6과	과제어휘
정화	7과	과제어휘

제작발표회	3과	주제어휘
조기교육	8과	주제어휘
조손가족	2과	주제어휘
조연	3과	주제어휘
주력상품	13과	새어휘
주연	3과	주제어휘
주입식교육	8과	주제어휘
주행	15과	새어휘
죽치다	12과	새어휘
줄줄이	3과	새어휘
중성적이다	1과	주제어휘
증후군	11과	과제어휘
지열	15과	주제어휘
지정되다	10과	주제어휘
지치다	7과	주제어휘
직결되다	13과	과제어휘
진도	4과	새어휘
집착하다	14과	새어휘
짜릿하다	11과	과제어휘
쩔쩔매다	7과	과제어휘

ㅊ

차원	7과	과제어휘
차지하다	2과	과제어휘
찰흙	11과	과제어휘
창업	13과	새어휘
창의력	4과	주제어휘
채용하다	4과	과제어휘
처마	9과	과제어휘
천륜	8과	과제어휘
체제	5과	과제어휘
초라하다	9과	과제어휘
촉박하다	11과	과제어휘
추석	6과	주제어휘
추세	2과	과제어휘
출산장려	1과	과제어휘
출세하다	14과	주제어휘
취약계층	13과	새어휘
취재	4과	새어휘
치르다	6과	새어휘
치유하다	3과	과제어휘
친구 따라 강남 간다	12과	새어휘
친환경적	15과	새어휘
침범하다	15과	과제어휘
침해	13과	과제어휘

ㅋ

카메오	3과	주제어휘
컴퓨터 원격 제어	11과	주제어휘
쾌락	7과	과제어휘
쾌적하다	15과	과제어휘

ㅌ

타계하다	6과	과제어휘
타협하다	8과	과제어휘
탐사	11과	새어휘
태양 에너지	15과	주제어휘
태연하다	14과	새어휘
턱	15과	과제어휘
턱없이	1과	과제어휘
통근하다	15과	과제어휘
통제되다	10과	주제어휘

ㅍ

파김치가 되다	12과	새어휘
판문점	5과	주제어휘
판을 치다	3과	과제어휘
팽팽하게	13과	과제어휘
펄펄	1과	새어휘
평생교육	8과	주제어휘
평안	7과	과제어휘
평평하다	10과	과제어휘
표가 나다	14과	새어휘
표기법	5과	과제어휘
풍금	9과	과제어휘
풍력	15과	주제어휘
풍부하다	8과	새어휘
풍작	10과	과제어휘
핑계	6과	과제어휘

ㅎ

하긴	1과	새어휘
하찮다	14과	과제어휘
학수고대	3과	새어휘

학업	8과	새어휘
한국전쟁	5과	주제어휘
한글날	6과	주제어휘
한눈팔다	2과	과제어휘
한부모 가족	2과	주제어휘
항목	4과	과제어휘
해수면	15과	과제어휘
해양 에너지	15과	주제어휘
해저	11과	새어휘
해치다	8과	과제어휘
해치우다	11과	과제어휘
행사하다	7과	과제어휘
허기	7과	새어휘
현저히	15과	과제어휘
현충일	6과	주제어휘
홍보	13과	새어휘
화석 연료	15과	주제어휘
확립	1과	과제어휘
확산되다	1과	과제어휘
환경경영	13과	주제어휘
환생하다	10과	과제어휘
활약	1과	과제어휘
황혼이혼	2과	과제어휘
횡포	13과	과제어휘
후원하다	9과	주제어휘
훼손되다	10과	주제어휘
훼손하다	3과	과제어휘
휘는 디스플레이	11과	주제어휘
휴전선	5과	주제어휘
흐트러지다	12과	과제어휘
흔쾌히	9과	과제어휘
희로애락	10과	과제어휘
희미하다	5과	새어휘

〈문법 색인〉

ㄱ

-같아선	4과
-거니와	8과
-건만	4과
-기 나름이다	12과
-기는커녕	2과
-기에 망정이지	11과
-긴 -나 봐요	1과
-길래	10과
(아무리) -기로서니	1과

ㄴ

-느니	15과
-는 데	10과
-는 둥 마는 둥 하다	2과
-는 한	14과
-는다기보다는	5과
-는다는 듯이	11과
-는다뿐이지	6과
-는답시고	6과

ㄷ

-다시피 하다	13과
-더라고요	9과
-더라도	8과
-되	14과

ㅇ

-으랴-으랴	3과
-으련만	7과
-으면 몰라도	3과
-은 채	7과
-을 법하다	13과
-을 뿐더러	15과
-을 줄만 알았지	12과
-을래야 을 수가 없다	5과
-음으로써	9과

3주완성

연세 한국어

8 부록

08710
9 788968 500787
ISBN 978-89-6850-078-7
ISBN 978-89-6850-036-7(세트)

www.yonsei.ac.kr/press